早期教育系列教材

严仲连　总主编

婴幼儿语言发展、评估与活动指导

主　编：徐　莉　莫立芸
副主编：赵秀梅　刘　英　赵建霞　林小佩
编　委：汤春丽　刘晓燕　吴夷雯　黄影华
彭小灵　赵　红

西南师范大学出版社
国家一级出版社　全国百佳图书出版单位

图书在版编目(CIP)数据

婴幼儿语言发展、评估与活动指导 / 徐莉, 莫立芸主编
. — 重庆 : 西南师范大学出版社, 2021.8
ISBN 978-7-5697-0988-9

Ⅰ. ①婴… Ⅱ. ①徐… ②莫… Ⅲ. ①婴幼儿—语言教学—教学参考资料 Ⅳ. ①G613.2

中国版本图书馆CIP数据核字(2021)第172327号

婴幼儿语言发展、评估与活动指导

YINGYOU'ER YUYAN FAZHAN PINGGU YU HUODONG ZHIDAO

主编 徐莉 莫立芸

总 策 划: 杨景罡
执行策划: 钟小族 张燕妮
责任编辑: 熊家艳
责任校对: 翟腾飞
书籍设计: 观止堂_未 氓
排 版: 江礼群
出版发行: 西南师范大学出版社
地址:重庆市北碚区天生路2号
邮编:400715
市场营销部电话:023-68868624
印 刷: 重庆友源印务有限公司
幅面尺寸: 185 mm×260 mm
印 张: 12
字 数: 256千字
版 次: 2021年8月 第1版
印 次: 2021年8月 第1次印刷
书 号: ISBN 978-7-5697-0988-9

定 价: 42.00元

序

随着经济的发展,人民生活水平的提高,以及脑科学的发展,婴幼儿照护服务与管理受到人们越来越多的关注。越来越多的证据表明,0~3岁婴幼儿照护服务对儿童的未来发展起到促进作用。随着家长对婴幼儿照护服务价值的认识加深,加之人口发展的需要,我国婴幼儿照护服务未来将迎来规范化、科学化的发展。

在中国文化背景下,婴幼儿的照护任务通常在家庭中由祖辈承担。随着社会发展、家庭结构变化以及家庭生活方式的变化,传统的家庭祖辈照护形式受到挑战。同时,中国经济快速发展带来的各种压力(如年轻父母的工作压力、住房压力等)也影响到家庭在子女照护服务方面的选择。未来的婴幼儿照护服务将要求社区、企业等更多地参与进来。在此背景下,中国的婴幼儿照护服务也面临质量与公平的双重挑战。

质优价廉的婴幼儿照护服务是众多年轻家长的需求。由于婴幼儿照护服务质量以高质量的托育师资为前提,而培养高质量的托育师资需要高质量的教育,高质量的教育通常意味着高成本。也就是说,高质量的婴幼儿照护服务意味着高收费。在没有政府分担的情况下,如果想让子女享受高质量的婴幼儿照护服务,家长不得不独自承担高收费。由此会导致婴幼儿照护服务领域的不公平,即只有高收入家庭子女才有机会享受高质量的婴幼儿照护服务。

婴幼儿照护服务中的公平和质量是一个问题的两个方面,二者有紧密的关系。在不同时期,婴幼儿照护服务有不同的定位。质量和价格看似不可调和,似乎只有高价格才有高质量,但价格过高会导致婴幼儿照护服务领域的不公平。针对婴幼儿照护的公平问题,中国学者提出了普惠的婴幼儿照护服务方案以及国家、家庭实行成本分担的思路。

婴幼儿照护服务质量最终必然与婴幼儿托育师资相联系。目前,我国婴幼儿照护服务的行业标准还处于摸索阶段,适合中国国情的婴幼儿照护服务模式也还处在探索过程中。当前,以家庭为中心的传统婴幼儿照护仍为主流,同时商业(机构)婴幼儿照护、社区福利取向的婴幼儿照护开始发展起来,三者共同形成了中国婴幼儿照护服务的复杂局面。这在一定程度上加大了婴幼儿照护服务师资培养的难度。同时,婴幼儿照护服务本身也尤其复杂,其涉及护理学、心理学、教育学、家政学、社会学等诸多学科领域。这也进一步增加了婴幼儿照护服务师资培养的复杂性。在此背景下,受西南师范大学出版社的邀请与委托,众多高校(包括高职高专院校)的研究者开启了婴幼儿照护服务师资培养的探索。本套丛书呈现出以下特点:

第一,理论基础新颖。编写人员全方位地关注近年来我国婴幼儿照护服务的理论前沿和现实经验，引用了婴幼儿照护服务领域前沿的理论研究成果，如婴幼儿游戏的双主体观，强调婴幼儿照护服务中的家长参与等，使本丛书的理论基础具备了前沿性。

第二，内容和理念新颖。结合我国早期教育的火热程度和现实中的焦点——师资问题，根据婴幼儿身心发展特点和照护服务的特殊性，丛书编写者把社会的伦理要求作为照护服务师资培养的核心，以体现社会对这一问题的重视。同时，也兼顾了未来从业者可能遇到的管理与经营问题。

在编写过程中，编写者尽可能吸纳与婴幼儿照护服务相关的营养学、管理学、心理学、护理学、语言学等领域的知识，并把儿童护理和儿童膳食营养、亲子游戏放到非常重要的地位，使教材做到内容和理念新颖。

第三，教法新颖。编写人员吸纳了教育领域关于教师专业发展的最新知识，尊重高职高专学生的学习特点，坚持"学生的兴趣"原则，并把这些理念融入丛书的编写过程之中，使这套教材教法新颖。

本套丛书定位于高职高专院校教材，以通俗易懂为目的。为达到这一目的，丛书编写人员到高职高专院校进行考察，并与高职高专师生座谈，以了解高职高专学生学习现状。为了适应高职高专学生水平，本丛书还邀请了众多高职高专的教师参与编写工作。编写人员在编写过程中尽可能做到语言通俗易懂。同时，这套丛书的观点与理念也适合本科院校学生学习，对本科院校的学生学习有一定的借鉴作用。

严仲连

2021年5月

前言

婴幼儿语言能力的发生发展是综合了心理、环境、历史、文化等诸多因素的社会事件。此社会事件沿着婴幼儿生长发育的时间线索逐次展开，固有一定的客观规律可资观察分析。这些观察分析在以往婴幼儿语言发展与教育的著作、教材中皆有翔实的阐述。本教材立足既往之研究，联系当下婴幼儿语言教育的趋势，将婴幼儿语言发展置于家庭、幼儿园、早教机构的环境下，索引其“听、说、读”的具体表现，为幼儿教师条分缕析，使教学设计朗阔分明。务求理论与实践环环相扣，把婴幼儿语言符号的认知、社会交往之养成，拓展至情感表达的需要，乃至审美意识的启蒙。

本书第一章综合了语言学、心理学、儿童语言教育诸学科，统观婴幼儿语言发生发展的脉络，由浅入深地帮助初入幼教领域的学生理解领悟人类语言发展之一贯性、共通性。第二、三、四章按照婴幼儿先有“听”，继而“说”，终之“读”的时间发展次序，展开其在家庭、幼儿园、早教机构中的表现，并提供可资借鉴的抚育指导案例。此三章要义在协助学生认知理解婴幼儿社会语言、交往能力的发展。第五章介绍了怎样在亲子活动中促进婴幼儿语言的发展。第六章和第七章分别从语言审美和语言规范的角度，对婴幼儿情感发展和逻辑思维能力进行启蒙。第八章结合当下教育趋势，阐述了历史上著名课程模式中婴幼儿语言教育的开展逻辑与形式。第九章回归婴幼儿语言发展阶段性评估，使家长、幼儿教师在具备一定知识经验的基础上，完成科学的分析与推断，为抚育和教学提供具体依据。

语言是婴幼儿情感和思维发展的外在形态，民族文化的价值底色与人类思维的发展方向都有赖语言作为载体。本书注重经验层面上的实用，对婴幼儿语言发展的基本原理和年龄特点有完整的梳理，但并没有完全停留在经验层面。我们试图通过戏剧活动和STEAM活动拓宽读者看待婴幼儿语言发展的视域。前者有助于中华优秀文化传统的启蒙教育，后者有助于养成科学思考的能力。

本教材主要面向早期教育专业或学前教育专业学生、幼儿园教师、托幼机构教师、家长以及对婴幼儿语言发展感兴趣的人员，从婴幼儿语言发展事件中抽丝剥茧，理论直陈深入浅出，教学设计灵活适用，力求避免理论与实践操作各自孤立。务使读者读之能懂，做之则有章法可循。所延伸的课程模式介绍、评估方法的使用，为求高等院校师范生教育尚秉一目四野之胸怀，不落于模仿操作的窠臼，以应对未来教育时日与环境的变迁。

全书由徐莉、莫立芸主编，赵秀梅、刘英、赵建霞、林小佩副主编，汤春丽、刘晓燕、吴夷雯、黄影华、彭小灵、赵红参与了编写工作。各章具体分工如下：第一章由徐莉（南京特殊教育师范学院）、莫立芸（桂林学院）编写；第二章由吴夷雯（广西幼儿师范高等专科学校）、赵红（桂林学院）编写；第三章由林小佩（广西幼儿师范高等专科学校）编写；第四章由刘晓燕（广西幼儿师范高等专科学校）编写；第五章由赵建霞（广西幼儿师范高等专科学校）编写；第六章由黄影华（北部湾职业技术学校）、彭小灵（北部湾职业技术学校）编写；第七章由刘英（广西幼儿师范高等专科学校）编写；第八章由汤春丽（广西科技师范学院）编写；第九章由赵秀梅（南宁市社会福利院/南宁市孤残儿童特殊教育学校）编写。

参与本书编写的人员几经研讨，易稿修订，呈文于案。然限于知识经验，智识所学，偏颇之处，敬待同行鉴阅指正，深表惭愧。

目录

第一章
婴幼儿语言发展的基本理论

研究和促进0~3岁婴幼儿语言习得与发展，首先需要了解语言、语言习得及语言教育等核心范畴的基本内涵，了解语言教育对个体发展和社会与文化发展的作用，明确对语言的认识和态度，树立正确的语言观和语言教育观。

至今为止，婴幼儿如何在出生的最初几年内迅速习得人类的语言，依然是让人迷惑且感兴趣的问题。随着儿童发展心理学、语言学、人类学、社会学、脑科学等多学科的介入，科学家们不断拓展着婴幼儿语言发展理论。

学习目标

1. 掌握0~3岁婴幼儿语言发展的基本概念。
2. 了解语言教育对个体发展和社会与文化发展的作用。
3. 掌握心理学家皮亚杰和维果茨基的语言理论。
4. 理解乔姆斯基提出的LAD理论。
5. 理解古德曼的全语言教学理念。

学习重难点

了解语言教育对个体发展和社会与文化发展的作用，树立正确的语言观和语言教育观。难点是树立正确的语言观和语言教育观。

皮亚杰和维果茨基对儿童语言发展、认知和思维与语言的关系展开研究，其理论在教育领域传播最为广泛并获得基本共识，是学习的难点。

乔姆斯基的普遍语法理论较难理解，它重新引导我们认识和了解儿童语言在基因和环境双重作用下的发展。

古德曼全语言教学理念不同于把语言拆分成字、词、句的传统教学方式，而遵循儿童语言学习的内在发展特点，重视儿童语用能力，为支持儿童早期语言发展和阅读提供了有力的理论依据。全语言教学与幼儿园课程教学最为接近，是语言领域活动的方法变相。

思维导图

- 婴幼儿语言发展的基本理论
  - 0~3岁婴幼儿语言发展的基本概念
    - 语言与言语
    - 语言习得与语言学习
    - 语言发展与语言教育
  - 0~3岁婴幼儿语言教育的意义
    - 0~3岁是婴幼儿语言发展的重要时期
    - 0~3岁婴幼儿语言发展与整体发展有密切关系
  - 皮亚杰和维果茨基的认知发展理论
    - 婴幼儿的两种言语
    - 婴幼儿如何进行言语游戏
    - 婴幼儿自我中心言语的进一步发展
    - 婴幼儿言语与动作、思维发展的关系
  - 乔姆斯基LAD理论
    - 婴幼儿母语能力的起点——韵律识别
    - 婴幼儿言语和认知的发展——构词与发音
    - 婴幼儿的普遍语法能力——造句
  - 古德曼全语言理论
    - 全语言教学理念
    - 全语言对前阅读和前书写的促进
    - 全语言教师与早教机构的课程

第一节

0~3岁婴幼儿语言发展的基本概念

小A,2岁整,生活于三代同堂的九口人大家庭。家里有爷爷奶奶、父母亲、哥哥姐姐。父亲白天在乡里打工,晚上回家,母亲一直在家务农,最大的姐姐已读大学,其余哥哥姐姐在接受义务教育阶段。她经常模仿哥哥姐姐写字,但平常讲话不多,语言形式主要为单词句和双词句,属于电报语阶段,也能使用否定句、主谓宾句子表达想法。小A第一次接触绘本,十分兴奋,爱不释手,仔仔细细阅读书上的图画,并把自己能看懂的部分到处展示给家里人看,最后把绘本装进自己书包,背着假装去上学。小A绘画,握笔姿势正确,用封闭的圆圈表示鸡蛋,未封口的圆表示是她的"孩子"。她说自己生了好多"孩子",说画的是她的仔仔(小孩)、驳驳(鸡蛋)。她会数数,知道口语和文字有对应关系。

什么是语言发展?如何理解3岁以前的孩子的语言发展?

0~3岁婴幼儿语言发展的理论与实践涉及的相关概念较多,这里重点介绍语言与言语、语言习得与语言学习、语言发展与语言教育3组概念。

一、语言与言语

(一)语言的定义

语言的定义是什么?从目前的文献看,对语言的定义多达几十种。有学者梳理了自19世纪以来的一些知名学者及权威工具书的观点,其中有代表性的就有六十多条。[①]

比如一些学者对语言概念的定义:语言是最重要的人类交际工具(列宁,1916);语言是表达思想或情感的工具(王力,1943);语言首先是交际工具……而且是思维工具(高名凯、石安石,1963);语言是人类独有的、非本能的一种方式,借助于自身创造的一种符号体系,用来交流意见、感情和愿望(萨丕尔,1921)。

此外,一些权威工具书也有相关定义,比如:麦克米伦教育图书公司编《科里埃百科全书》中对语言的定义是:人类用来交流思想感情的声音和书写符号系统(CE,1991);《语言与语言学百科词典》中对语言的定义是:人类社会用来交际或自我表现的、约定俗成的声音、手势或文字系统(Crystal,1992);《韦伯斯脱美国英语大词典》中对语言的定义是:相当数量的人群经过长期使用而确立、可以彼此理解的词汇、词的发音及词的组织方式的总和(WD,1993)。

---

①潘文国.语言的定义[J].华东师范大学学报(哲学社会科学版),2001,33(1):97-108,128.

归纳起来，语言是人类认知世界及进行表述的方式和过程。语言具有4个基本属性，即语言是人类的交际工具；语言是思维工具；语言是由语音、词汇、语法构成的符号系统；语言是一种特殊的社会现象。

（二）言语的定义

那么，什么是言语？言语是运用语言进行交流表达的过程。瑞士语言学家索绪尔在《普通语言学教程》一书中较早区分了语言和言语的差异。索绪尔认为，语言和言语是互相依存的，语言既是言语的工具，又是言语的产物。[①]人类有语言和言语；人类语言能力是先天的，语言习得是后天的。动物只有言语，没有语言。动物言语是本能的，沟通模式也是先天的。

（三）语言和言语的区别

如果说语言是一套符号系统，是说话和表达思想的工具，是一套静态体系，那么言语则是一个动态过程，是语言的运用过程，是利用语言进行交际的行为和结果。语言是社会的，言语是个人的；语言是抽象的，言语是具体的；语言是全民性的，对于全体社会成员来说是统一的、共同的，而言语是有阶级性的；语言制约着言语，指导人们进行言语实践。[②]

所以，语言存在于言语之中，存在于人们的交际过程之中，存在于言语行为和言语作品之中。语言不能够脱离言语，言语也不能脱离语言，它们是不可分离的。

二、语言习得与语言学习

（一）语言习得

美国学者克拉申较早区分了语言习得与语言学习两个概念之间的差别。[③]

语言习得主要指在自然的语言环境中，在一日生活各种具体的语言场景中对语言下意识的自然吸收，主要用于口语交际，以获得语音、语义和语感为主。语言习得属于非正式学习，是自发、无意识的，不需要花力气，也无须专门指导，更多的是以内隐学习（Implicit Learning）方式获得。克拉申认为儿童学母语，是不知不觉地、自然地吸收。习得比学习更为重要。

儿童心理学创始人普莱尔认为，仅仅用“学习”是不能解释儿童的语言获得的；德国心理学大师施特恩认为儿童有一种言语需要，语言发展是一个自然发展的过程。[④]

①费尔迪南·德·索绪尔.普通语言学教程[M].高名凯，译.北京：商务印书馆，1980:41.

②叶蜚声，徐通锵.语言学纲要[M].北京：北京大学出版社，1997:10.

③胡文仲.语言习得和外语教学——评介Stephen D.Krashen关于外语教学的原则和设想[J].外国语（上海外国语学院学报），1984(1):1-7.

④李宇明.儿童语言的发展[M].武汉：华中师范大学出版社，2004:14.

（二）语言学习

与语言习得相对的概念是语言学习。语言学习，主要指在专门机构中的课堂环境下，由专门的教师进行讲解，学习者进行有意识的记忆、理解、分析等活动，是一种有目的、有计划、有系统课程方案的活动，以获得对语法概念、语言交往规则的掌握。语言学习属于正式学习，需要付出意志努力，更接近于外显学习（Explicit Learning）。

（三）语言习得与语言学习的区别

语言学习和语言习得的不同之点具体如下：

一是语言习得是一种不自觉的活动，是主体自然地掌握母语的过程和方法，是一种无意识的活动；语言学习是一种自觉的活动，是主体为了掌握一种新的交际工具所进行的目的性非常明确的活动，是一种有意识的行为。

二是语言习得通过实际生活大量接触语言，在交际中掌握语言，注重语言的功能和意义；语言学习是在专门的课堂环境下进行的，通过大量的模仿和练习来理解和掌握，注重语言形式和运用规则，按部就班、系统地掌握语音、词汇、语法等。

三是语言习得更多源于生存和交往需要，而语言学习更多源于后天的发展需要，所以语言习得在很多时候是以非正式的、内隐学习的方式展开，而语言学习则是以正式的和专门的、显在学习的方式展开。

三、语言发展与语言教育

（一）语言发展

发展，指事物由小到大、由简单到复杂、由低级到高级的变化。语言发展指的是儿童在倾听、理解和表达方面的变化，包括对语音、词汇、语法的掌握和运用。0~3岁是婴幼儿语言发展最为关键的阶段。蒙台梭利认为，婴幼儿说话能力的发展是秘密进行的，一个正常的婴儿从出生起就拥有语言能力。0~3岁是个体语言发展的第一个敏感期。[①]其大致可以划分为0~1岁、1~2岁以及2~3岁3个阶段。隐性学习是这一阶段的基本特点。

美国伊利诺伊州《0—3岁早期学习指南》中，将婴幼儿语言发展划分为社会交往、接收性沟通、表达性沟通和早期识字等4个方面。社会交往指的是婴幼儿通过微笑或其他面部表情、词汇以及行动等方式与人互动；接收性沟通指的是婴幼儿理解语言的能力；表达性沟通指的是婴幼儿通过微笑、哭泣、词汇等表达需求及感受；早期识字指的是婴幼儿对印刷品的探索和理解、唱歌、阅读等。

①玛丽亚·蒙台梭利．童年的秘密[M]．蒙台梭利丛书编委会，译．北京：中国妇女出版社，2017：34.

美国北卡罗来纳州的《婴幼儿学习与发展指南》,将婴幼儿语言发展划分为接收性语言、表达性语言及早期读写发展等3个方面:接收性语言,关注倾听和理解;表达性语言,关注讲话和交流;早期读写,包括探索书本、听音乐、听故事。《香港儿童发展手册》中把婴幼儿的发展主要归类为活动、认知、语言、情绪与行为、社交沟通及感官发展等多个方面,描述了婴幼儿成长发展过程中的典型表现,如0~1个月婴儿的听觉,表现为留意人的声音,听到声音会眨眼、手脚舞动,听到柔和的声音可舒缓情绪;1~3个月婴儿的听觉与语言能力,表现为头部会随声音的方向转动,会聆听音乐,听到熟悉的声音会笑,开始模仿或发出某些声音;4~7个月婴儿,能从声调分辨人的情绪,开始牙牙学语等。

美国贝利婴幼儿发展量表中把语言能力分为语言理解和语言表达两个方面,从语言理解和语言表达两方面对婴幼儿的语言发展进行评估。

由于所处的生活环境与文化场域不同,不同族群婴幼儿的发展既有共同性也有差异性。乔姆斯基认为,婴幼儿的语言发展是先天的,受遗传因素决定,人脑有一套专门处理语言的机制;默克多发现世界不同族群的婴幼儿叫爸爸、妈妈时,在发音和结构上具有惊人的相似性。①

(二)语言教育

雅思贝尔斯说,所谓教育,不过是人对人的主体间灵肉交流活动(尤其是老一代对年轻一代),包括知识内容的传授、生命内涵的领悟、意志行为的规范,并通过文化传递功能,将文化遗产教给年轻一代,使他们自由地生成,并启迪其自由天性。②

最早的国际教育标准分类制定于1976年,并于1997年修订。2007年,联合国教科文组织第34届大会通过决议,要求总干事根据10年来各国教育政策和结构发生的变化,审查和修订1997年版国际教育标准分类。③1976年版国际教育标准分类中认为,教育不是广义的一切教育活动,而是有组织、有目的地传授知识的工作。1977年版国际教育标准分类修改为,教育是包括所有适应学习需要而设计的有计划的系统的活动,包括在某些国家被认为的文化活动或训练活动。教育是能够导致学习而设计的有组织的持续的交流。当中的关键词有“交流”“学习”“有组织的”和“持续”,强调了教育导致学习、交流、有组织、持续性的几个特征。2011年版国际教育标准分类,突出了教育是社会有意地将积累起来的信息、知识、理解、态度、价值、技艺、能力和行为从上一代传给下一代的过程。它牵涉引起学习的交流。

归纳起来讲,教育是有目的、有意识的,对受教育者的发展提供环境、示范、训练、评价等。教育活动三要素是教育者、受教育者以及教育的媒介。

---

①李宇明.儿童语言的发展[M].武汉:华中师范大学出版社,2004:7-8.

②雅思贝尔斯.什么是教育[M].邹进,译.北京:生活·读书·新知三联书店,1991:3.

③李建忠.国际教育标准分类折射教育新趋势[J].辽宁教育,2012(3X):95.

那么，借鉴以上对教育的界定，语言教育是能够导致以母语为主的听、说、读、写学习而设计的有组织的持续的交流。语言教育包括了语言的训练、教导以及语言发展环境的提供，也包括对语言异常情况的评估与干预。

第二节

0~3岁婴幼儿语言教育的意义

一连串的问话①

冬冬，李宇明的女儿，2岁4个月。

冬冬坐在床上，连声叫："妈妈，妈妈！"

妈妈正低头找袜子，既没回头看她，应答声音也较低。

她不满地说："在哪儿？怎么没听见呀？怎么没听见，是我喊你呀！"

妈妈忙说对不起，问她喊妈妈干什么。

冬冬："妈妈，你的胳膊好没有呀？"

妈妈："好了呀。"

冬冬："妈妈，你能带我去买菜吗？"

妈妈："能呀！"

冬冬："妈妈，能带我去买螃蟹吗？"

妈妈："能。"

冬冬："能带我去买西瓜吗？"

妈妈："能。"

冬冬："妈妈，能带我去买大乌龟吗？"

妈妈："能。"

冬冬："妈妈，能带我买豆腐皮吗？"

妈妈："能。"

冬冬："妈妈，能带我买豆腐脑吗？"

妈妈："能。"

冬冬连发七问，所问内容，都不重复。

上述案例中，2岁4个月的冬冬能够使用情态动词"能"。这符合这个时期儿童语言发展规律吗？0~3岁婴幼儿语言发展有何意义？

尽管有学者认为婴幼儿语言发展有先天的便利条件，但实际上婴幼儿发展是一个漫长、艰苦的过程。0~3岁是婴幼儿语言发展的重要时期，也是婴幼儿综合发展的过程，更是社会文化代际传递的过程。

---

①李宇明.人生初年——一名中国女孩的语言日志[M].北京：商务印书馆，2019：848-849.

一、0~3岁是婴幼儿语言发展的重要时期

一般认为，个体的学习能力与年龄有着一定关系。迄今为止，诸多的婴幼儿发育量表揭示了婴幼儿时期个体身心发展的规律与重要性。比如，格塞尔通过双生子爬楼梯实验，提出了成熟势力说，认为婴幼儿的发展是按照基因规定的顺序有规则、有次序地进行的，早期教育应当遵循婴幼儿的身心发展规律。格塞尔和他的团队利用摄像技术研究了各年龄阶段婴幼儿的发育特点，编制了格塞尔婴幼儿发育量表（GDS），以正常婴幼儿的行为模式为标准，以发育婴幼儿年龄、发育商表示婴幼儿的发育水平。量表包括4周、16周、28周、40周、52周等13个关键年龄，共约500个项目。这些项目根据发育的内容分布在适应性行为、大运动行为、精细动作行为、语言行为和个人-社交行为等5个能区。其中语言行为，包括对别人语言的模仿和理解。①

生物学研究发现，在个体发展的某个阶段，常常是在生命的早期，个体自然而然地吸收和学习，此时个体对外部刺激的反应最为敏感，环境对个体发展的影响作用最大，效果也最明显。但是，如果外部刺激晚于或者早于这个时期，对个体的影响将会小很多，这一时期通常被称为敏感期。敏感期的婴幼儿，以特有的方式吸收和学习。相对于其他时期，这一时期的婴幼儿更容易学习某种知识和行为。

就语言学习而言，也存在一个敏感期。蒙台梭利认为，婴幼儿的发展一般是指外表可以观察到的变化，还有一种秘密的变化。她借鉴荷兰科学家德弗里斯的“动物的敏感性”观点，认为婴幼儿的发展也有敏感期。敏感期的婴幼儿，拥有一种极具创造性的本能，对其发展的影响非常惊人。他们学习自我调节，拥有内在动力，以惊人的方式自然而然地吸收和学习。而成人则只能通过努力思考和研究来获得发展。②所以，在敏感期给婴幼儿创造适宜发展的环境和条件，可以有效发挥其潜能，促进其发展，达到事半功倍的效果。

二、0~3岁婴幼儿语言发展与整体发展有密切关系

语言现象是人类所独有的，婴幼儿的语言发展过程也是一个由自然人成长为社会人的变化过程。语言发展与婴幼儿的全面发展有密切关系，语言发展是婴幼儿全面发展的重要标志。0~3岁婴幼儿语言的发展能够促进其身心的全面发展，包括社会性、表征能力、符号能力、认知能力、运算能力、审美等各方面。韩礼德基于伯恩斯坦的研究提出了7个语言功能，7个语言功能的出现次序为：工具功能、规约功能、互动功能、个人功能、启发功能、想象功能和信息功能。

---

①杨玉凤．儿童发育行为心理评定量表［M］．北京：人民卫生出版社，2016：70.

②玛丽亚·蒙台梭利．童年的秘密［M］．蒙台梭利丛书编委会，译．北京：中国妇女出版社，2017：34-36.

（一）语言与婴幼儿思维发展

语言是思维的物质外壳。语言与思维相互依存。语言是思维的载体，是思维成果表达的工具，没有语言，思维就无法实现。语言的发展反映了思维发展的水平。因此，婴幼儿语言发展促进着思维的发展，同时也是思维发展水平的标志之一。婴幼儿语言发展有助于促进其对世界的认识。借助语言符号，使理解一些原本无法直接感知的事物成为可能，语言的发展拓展着婴幼儿对周围世界的认知。

（二）语言与婴幼儿社会性发展

语言具有社会性。语言是人类交际交往的重要工具，是社会成员之间重要的联系纽带，体现了特定时空中的价值观念与取向，直接影响着个体的社会性发展。人们运用语言表达情感、遵守规则。因此，对社会性语言的掌握能够帮助婴幼儿学会礼貌用语，掌握社会交往规则，促进道德发展，并增强其社会认知，提高社会交往与社会适应能力，促进其社会化进程。

（三）语言与婴幼儿审美发展

每一种语言都有其独特的形象性与审美性。鲁迅先生说，汉字有“三美”，意美以感心，音美以感耳，形美以感目。婴幼儿主要是通过对口头语言的倾听、理解与表达来实现日常的沟通与交流。而文学语言通过塑造栩栩如生的形象，实现对真善美的颂扬以及对假恶丑的抨击。因此，为婴幼儿提供优秀的文学作品，有助于婴幼儿的审美发展。

（四）语言与婴幼儿文化底色构建

语言是文化的主要载体，是一个民族的呼吸和灵魂。“语言仿佛是民族精神的外在表现；民族的语言即民族的精神，民族的精神即民族的语言，二者的同一程度超过了人们的任何想象。”[①]

语言具有稳固性和民族性，每一种语言都蕴藏着一个民族独特的文化智慧。1999年11月，联合国教科文组织的一般性大会宣布：从2000年起，国际母语日设定在每年的2月21日，旨在促进语言和文化的多样性。特定的语言蕴含了特定的文化内核，引导人们形成相应的人生经验和价值观念，使民族文化得到自觉的传承。婴幼儿一出生就处于特定的文化场域与特定的语境中。婴幼儿在早期接触特定语言的过程中，自然而然地接受着这种语言的熏陶，接受着其中蕴含的文化的浸润。

---

①威廉·冯·洪堡特．论人类语言结构的差异及其对人类精神发展的影响[M]．姚小平，译．北京：商务印书馆，1999：52.

第三节

皮亚杰与维果茨基的认知发展理论

多起来的“自言自语”

今天是冬冬出生70天。她不仅更爱笑，也更喜欢自言自语了。

音乐声响起，她煞有介事地“哦、哦”呼应着。

冬冬独自一个人躺在床上，睁大眼睛，看看在床前锻炼身体的妈妈，也发出“哦、哦”的说话声。

以前双方“对话”，需要有逗引者；现在她是自得其乐，自说自话。

常发的音有“A”“mA”“A-pu”“mA-m”等。

我国儿童语言研究者李宇明，跟踪记录了女儿冬冬出生后2200余天的发展，其中包含大量冬冬语言发展的案例。冬冬出生于1985年1月16日，案例中的她2个多月大。在研究者的记录中，这是婴儿第一次出现自我中心言语。根据记录推论，冬冬应该在比本次记录更早的时间出现自我中心言语。这种言语从出现就一直伴随婴幼儿的成长，直到成年，是我们观察和了解儿童语言、认知等多方面发展的重要资料。

一、婴幼儿的两种言语

皮亚杰和维果茨基都发现人类从婴幼儿开始就有两种言语，其一为社会性言语，其二为自我中心言语。社会性言语具有交际的功能，可以帮助婴幼儿与环境中的他人打交道，满足其物质需求。自我中心言语满足了婴幼儿幻想、游戏、思考的需求，是内部言语的外在表现形式。

（一）基于交流的社会性言语

言语是人类特有的社会性行为。婴幼儿还不会说话时，已经表现出自然而然的社会性交流的倾向，他们会用表情、动作等行为（如哭叫）与他人互动。婴幼儿发出第一个单词的年龄大约在8~12个月，随后他们牙牙学语，1.5~3岁时才能完整地说出合乎语法的句子。在熟练运用母语之前，婴幼儿会经历一段由于缺乏语言而无助的时光。在这个阶段，婴幼儿与照护者的交流基本依赖彼此对对方的了解，而此时婴幼儿的表情、动作、声音等都应当属于社会性言语。社会性言语的主要功能就是交流，区别于自我中心言语，后者与思维发展关系更为密切。

社会性言语表现在外，比较容易被观察到。正常的生活环境中，婴幼儿的语音、词汇、语法、语义、语用能力都能够随着年龄增长而发展，所以也给人造成语言是通过模仿学会的印象。著名的行为主义心理学家斯金纳就认为，婴幼儿学习语言需要不断的“刺激”，只有“刺激”才能带来模仿，最终促使婴幼儿学会说话。

每一种语言，其语音、语法都是有限的，可以通过模仿习得。但是，词汇、语义、语用在不同的社会环境、时代背景下发生着变化。比如，“吃瓜”已经变成了“有闲围观”的代名词，还带有幽默色彩。婴幼儿总是生活在一定的时代背景下的，所以其语言发展离不开当下语境对语义的衬托和暗示。这就是言语社会性的表现。婴幼儿在发展初期要做的，就是借助动作、表情、人物关系、交谈气氛等因素破解母语体系，从一个语音、一个单词发展为句子。

社会性言语体现了婴幼儿的需求和反应，是婴幼儿发展语用能力的关键环节。所谓语用，包含语言交流中的对话、礼貌、话题转换、幽默、语体能力等。语音、语法是静态的，词汇、语义、语用则是动态的，前者可以通过模仿学习，后者需要在社会交流中逐渐习得。

（二）基于思考的自我中心言语

除了基于交流的社会性言语，心理学家皮亚杰和维果茨基都观察到儿童的自我中心言语，这种言语在婴儿时期就出现了。婴儿经常自己与自己交谈，有时仿佛通过高声来思考，但他不针对任何人。①这种言语区别于社会性言语，不是轮流展开的交谈，而是连续的自言自语。

皮亚杰从大量的观察中发现，3~5岁儿童的言语里有54%~60%为自我中心言语，5~7岁儿童的言语里则有44%~47%是自我中心言语。自我中心言语与儿童心理内在的自我满足相联系，受潜意识“我向思维”所控制。他们随心所欲地游戏、说话、表达，且不寻求他人的回应，是自我中心思维外在的表现形式。我们可以通过观察、记录和分析婴幼儿的自我中心言语，来了解他们的语言、认知、情感、想象等能力的发展。儿童的自我中心言语在婴儿时期产生，到7~8岁逐渐消失。它是帮助我们了解儿童思维整体发展的重要线索。

维果茨基发现儿童在遇到困难的情况下，自我中心言语比普通情况下增长了一倍。比如，一个还不会说话的婴儿看见一个新奇的玩具，他会发出“咿呀”的语音；一个在游戏中缺少材料的儿童，他亦忍不住在寻找材料的过程中自言自语。所以维果茨基认为，自我中心言语有协助儿童思维的作用，这是他们思维的程序，即通过公开大声的言语来思考问题。随着年龄的发展，自我中心言语从外在转向内在，成为人类思维的内部言语。

二、婴幼儿如何进行言语游戏

婴幼儿很早就开始发出声音自我娱乐了。早期受限于咽喉位置太高，他们不能组合出太多的语音，但这并不能阻挡其自我满足的天性，发出有趣的声音是他们最早能进行的游戏之一。在这种简单的游戏中，婴幼儿探索和学习如何

---

①维果茨基．维果茨基教育论著选[M]．余震球，译．北京：人民教育出版社，2004:37.

利用声带和咽喉发出不同的音响。通过回应外部，他们不断确认自己的存在。随着年龄的增长，婴幼儿能发出的语音越来越多，他们更加灵活自如地自我娱乐。

最初成人会对婴幼儿自我中心言语的含义感到困惑，但久而久之他们会适应婴幼儿自娱自乐的状态，这是孩子感到舒适的表现。由于自我中心言语原本就不是为了社交而存在，所以语音、语调、节律比语义更为重要。在婴幼儿阶段，自我中心言语的作用等同于儿歌或音乐，是为了愉悦和放松，并没有交流的实际意义。就像游戏能使婴幼儿放松下来静心观察周围的人和事物一样，婴幼儿在言语游戏中也会学着思考自身和世界的关系。自我中心言语日后将发展为思维的内部语言。

三、婴幼儿自我中心言语的进一步发展

皮亚杰和维果茨基对儿童自我中心言语都有过观察和论述。

皮亚杰观察到，七八岁之前的儿童社会化程度较低，还不能适应成人社会的合作关系，他们彼此的关系是相对独立和自我的，所以儿童在游戏中包含大量的自我中心言语。自我中心言语就像伴奏曲一般，伴随儿童游戏，使儿童实现自我满足。这个现象随着儿童社会化的发展，大约在7岁以后逐渐消失。①

维果茨基观察到，“自我中心言语除了纯表达功能和缓解功能外，除了单纯地伴随儿童的积极行为外……具备在制订计划、解决活动中产生问题的功能。”②它有助于解决儿童遇到的现实困难，是儿童的思维在发展中的过渡。“话语本身刻画和反映了实际智力操作的最主要的结构因素，开始说明和指导儿童的行动，使行动服从于他的意愿和计划，将行动提高到合理的活动水平。”③自我中心言语随年龄和思维的发展，最终转化成人的内部思维语言，它持久地存在于大脑，并协助思考。

这两种观点都提示我们，言语不只是社会性的存在，还与个体发展密切关联。婴幼儿早期的照护者不但应该积极与婴幼儿互动，而且应当对婴幼儿的自我中心言语保持关注。这有利于我们对他们思维能力的发展做出一定程度的推断。

四、婴幼儿言语与动作、思维发展的关系

转弯行走④

冬冬一气可走13步。

在13步的行走中，中间站下，休息片刻，然后抬步再走。

行进中，需要转弯，她毫不犹豫地转个弯，再继续向前走。

---

①维果茨基.维果茨基教育论著选[M].余震球，译.北京:人民教育出版社，2004:41.

②维果茨基.维果茨基教育论著选[M].余震球，译.北京:人民教育出版社，2004:43.

③维果茨基.维果茨基教育论著选[M].余震球，译.北京:人民教育出版社，2004:44.

④李宇明.人生初年——一名中国女孩的语言日志[M].北京:商务印书馆，2019:261-262.

体态语的发展[①]

冬冬能指认出很多事物。

姐姐说:“看大狮子去!”

她就用手往外指。

妈妈说:“麻雀在叫!”

她侧耳细听,然后指指窗外……

为让冬冬走得更硬实,爸爸用围巾系在她腋下,拽着围巾的两端,说:“冬冬,走,看狮子去!”

她挣着身子往外面走,一直走到楼梯口。

爸爸用有点吓人的语气,说:“狮子咬,快,快点! 快回去!”

冬冬突然掉转头,把头扎在爸爸的双膝间,显得很害怕的样子。

爸爸说多少次,她多少次把头扎在爸爸的两膝之间。

冬冬会走了,体态语也发生了变化,身体可以直接行动的,就不再用手指了。这也说明,她以手指物,是真正理解了其中的意思。

(一)动作发展改变亲子交流方式

皮亚杰在论文《发展与学习》中指出,影响儿童发展的几个因素有:生理成熟;物理环境对智力结构的影响的经验的作用;广义的社会传递(语言传递、教育等);平衡,即自我调节。[②]婴幼儿早期生理成熟带来大动作的发展,学会走路,拓展了行动的空间。在自主移动的过程中,婴幼儿首次以独特的视角观察周围的环境。皮亚杰认为学习的大前提是发展,婴幼儿生理上的发展促使他们在行动中拥有了新的经验,而这些新经验将成为他们头脑中的表象,为语言发展做准备。最新的研究表明,行走改变了父母和婴幼儿交流的方式,移步易景,新的话题、词汇、句法随之而来。在行走的过程中,研究者捕捉到了一天中父母与婴幼儿最频繁的交流,5分钟内婴幼儿能听到374个词汇。[③]

此外,皮亚杰指出婴幼儿的逻辑数学经验亦来源于动作。他们通过摆弄不同的物体获得“守恒”“顺序”等逻辑概念,而这些逻辑概念正是语言发展的基础。婴幼儿通过掌握“整体—部分”“包含—被包含”“大—小”“先—后”等逻辑概念,学习整理句子的结构。用皮亚杰的话来说,即“我相信,逻辑不是语言的衍生物。逻辑的来源要深远得多。它是动作的整体协调,是集中东西或编排东西顺序的动作,等等。”[④]

---

①李宇明.人生初年——一名中国女孩的语言日志[M].北京:商务印书馆,2019:261-262.

②皮亚杰.皮亚杰教育论著选[M].卢濬,选译.北京:人民教育出版社,2015:19.

③来源于纪录片*BABIES:FIRST STEP*,由Netflix Worldwide Entertament出品。

④皮亚杰.皮亚杰教育论著选[M].卢濬,选译.北京:人民教育出版社,2015:22.

（二）言语和思维相互影响

维果茨基对儿童言语和思维有详尽的研究。他揭示出言语和思维发展过程之间存在一定的关系，但这个关系在儿童发展的不同阶段是变化的。整体上说，言语和思维的发展是两条轨迹，彼此不是平行等量进行的。这两条轨迹在儿童发展的过程中多次相遇和岔开，多次交叉，有时又平行前进，在某些部分甚至重合，然后又分开。①

2岁前，儿童的言语和思维一直分开发展，2岁时二者的发展路线开始交叉、重合，并且成为人所特有的全新的行为形式的起点。2岁前的儿童对物体的认知依赖感知觉和动作，但2岁之后儿童开始变得理智了，思维开始受到言语的影响。在这个转折阶段，儿童表现最明显的特点是开始给物体命名。②这时儿童的思维开始受到言语的影响，初步尝试掌握语言符号与物体的对应关系，在理解对应关系的过程中，他们学习借助语言词汇归纳物体的特性（概念）。

维果茨基发现，发生了转折之后的儿童开始积极地扩大自己的词汇量，他们每碰到一个新物品时都要问：它是什么？此外，儿童在积极扩大词汇量的基础上，极其迅速地跳跃式地增加用语。③儿童的思维开始具有言语的特征，而言语则成为理智的起点。此时，儿童在行为上的另一个转变是，在游戏前往往存在短暂的思考，这种思考有时伴随喃喃自语，“先想再做”代替了“做完再想”，言语成了他们思考的工具。

第四节

乔姆斯基LAD理论

七诺8个月零6天了，像往常一样她被9岁的姐姐逗着玩。这一次姐姐没有说中文，她背着英文单词挑逗妹妹。

姐姐：“t-h-i-r-t-e-e-n，s-e-v-e-n-t-e-e-n，说呀。”

七诺表情严肃地看着姐姐，十分专注，她张着嘴，想做出一点回应。

姐姐：“f-e-e-r！”

七诺看上去很困惑。

姐姐摸摸她的脸蛋：“你傻了？”

姐姐继续背着英文单词：“a f-r-i-e-n-d。”

---

①维果茨基.维果茨基教育论著选[M].余震球，译.北京：人民教育出版社，2004:85.

②维果茨基.维果茨基教育论著选[M].余震球，译.北京：人民教育出版社，2004:99.

③维果茨基.维果茨基教育论著选[M].余震球，译.北京：人民教育出版社，2004:100.

七诺始终认真地看着姐姐的脸，却没做出任何回应。

七诺注意聆听姐姐的英文发音，保持超过1分钟的专注度，特别关注说话人的嘴唇，并张合嘴唇，试图模仿，但不能出声。认知非母语时，七诺表情严肃。从七诺对英语和中文两种语言的反应来看，她是能清楚区分两种语言的。中文环境下，她的情绪很放松，表现出更多的社会性互动。英文环境下，她表现得比较严肃，更多认知能力在调动。[①]

一、婴幼儿母语能力的起点——韵律识别

（一）听觉对母语韵律的适应

人类能听到的声音频率在20 Hz到20 kHz之间，但是只有频率低于800 Hz的声音才能传入子宫，这样，大部分的语音被羊水过滤掉了，胎儿能听到的只有语言的韵律（Prosody），即节奏和语音的起伏。不同的语言有不同的韵律，很早就有研究者发现刚出生的法国婴儿能分辨法语和俄语。婴儿是跟从自己熟悉的母语节拍聆听语言的，这样他们能快速地把母语和背景嘈杂声分离。婴儿最初还不能区分同一韵律组内部的语言，如英语和荷兰语，同一韵律组内部的细化区别日后会引领婴儿走向单词和词组。[②]

语音的起伏即语调，是语言的感情色彩，疑问句用升调，陈述句用降调，人类的语言有着共同的特点。婴儿最初凭借语调判断他人的态度、情感、言语交流的气氛等等。他们通过捕捉这些微妙的细节，推测大意，并决定应该做出什么反应。上述例子中的七诺出生在中文环境下，初次听到英文表现出困惑，正说明她能清晰地分辨母语和非母语。面对姐姐说的英文，她不知道应该做何反应，这个经历超出了她过去8个月的人生经验。

总体来说，婴儿出生后对语言的了解并不是完全空白的，他们以韵律做拐杖，不断靠近自己熟悉的母语。

（二）音位知觉——婴幼儿破解语流体系中的单词

音位是语音中最小的能够区分意义的语音类聚，它不是一个音，而是若干个音组成的一簇音，如“ba”和“ma”。“ba”由声母“b”和韵母“a”组成，“ma”由声母“m”和韵母“a”组成。在汉语里“a”还可以和更多不同的声母组合发出不同的音，这就是音位。不同的语言具有不同的音位特点，且独立成较为严整的系统。[③]婴幼儿最初借助熟悉的韵律把母语从嘈杂的背景中分离出来，直到6个

---

①七诺，2019年7月20日出生。材料摘自七诺语言发展记录。

②查尔斯·杨.无限的天赋：儿童如何学习和忘记世界上的语言[M].赵亮，王志欣，杜娟，等，译.北京：对外经济贸易大学出版社，2016：28-31.

③李宇明.儿童语言的发展[M].武汉：华中师范大学出版社，2004：68.

月后他们才开始从听觉上注意到一串流畅的句子中包含若干不同的音位，比如“baba”“mama”。这些音位高频率地出现在婴幼儿的生活中，使他们能够有机会把音位从句子中提取出来，为下一步学习单词做准备。

6~12个月的婴儿词汇量很少，但是经过半年的熏陶，他们已经可以提取出句子中常见的音位。婴幼儿需要一些时间来理解这些音位和什么事物相对应。比如当妈妈带婴幼儿在外面散步时，一条小狗跑过，妈妈指着小狗说“gou”。凭借观察妈妈的身体语言，他推测“gou”这个音位也许是正从身边跑过的那个东西，这就是学习词汇的起点。

语言里有很多相互对立的音位，比如“ba”和“pa”，“kao”和“gao”，在不同的语言中这些对立音位是有差别的。对立音位的发音差异非常细微，但6个月以后的婴幼儿不但能注意到音位的存在，而且能逐渐发展对音位对立关系的认知。比如对于“bao”和“pao”，他们能听出来是不同的，虽然他们暂时不理解这种不同有什么意义上的差别。大量的研究发现，10个月时，婴儿已经非常适应母语的发音体系，对那些他们熟悉的音位组合表现出更多的兴趣和注意。这是继韵律适应发展之后，婴幼儿言语习得的第二步。“儿童开始掌握音位系统是在1岁左右开始说出第一批真正的词的时候，到3岁时音位系统已经基本形成。”①

二、婴幼儿言语和认知的发展——构词与发音

发音②

冬冬的烧退了，但食欲不佳。她一边玩，一边念念有词，但不知讲的是什么。

冬冬叫“爸爸”，有时叫对了（“pA-pA”），有时叫成“uA-uA”。

她开始从模仿语调向模仿音素发展。

（一）婴幼儿凭借重读从句子中挑出词语

婴儿在6个月前对母语的感受是成串的、有声调起伏的、间错停顿的语流。语流由连续不断的语音构成，语音成团成簇地聚合在一起，随声调起伏而变化，并在呼吸适当的时候有停顿。这就像一段由萨克斯演奏的乐曲，萨克斯的发声腔体不断被挤压，声音也随着高低起伏。婴儿能够凭借本能选择语调自然的段落加以注意，如果一段言语在不恰当的地方停顿，他们也能捕捉到差异，并加以区分。这就是乔姆斯基最初的假设，即人类具有先天学习语言的天赋。乔姆斯基借英文句法结构的例子，用数学推理的方式证明存在这种能力。维果茨基亦在100年前证明，语言发展路径自成体系。现代脑科学研究表明，人类大脑处

①李宇明.儿童语言的发展[M].武汉：华中师范大学出版社，2004：68.
②李宇明.人生初年——一名中国女孩的语言日志[M].北京：商务印书馆，2019：298.

理语言的生理区域是相对独立的，因此我们有理由信任婴幼儿的本能。

对语调的本能感受会引导婴儿选择适当的言语加以注意，所谓“适当的言语”即发音配合语调、呼吸停顿自然的段落。①由于婴儿的社会和生活环境相对稳定单一，范围不大，有些词汇如“爸爸”“妈妈”“吃”“奶”，在句子语流中反复出现，容易被捕捉到，因此成为婴儿最早能够从语流中截取出来的词汇。

前面我们说过，婴儿早期已经在大脑中截取音位，8个月以后他们逐渐开始把截取的音位和语义对应起来。但是，这个过程伴随一个技术难点。音位串联成句子在不需要停顿的情况下，单词彼此之间在听觉上是没有分界线的。例如：

爸爸爱宝宝。(babaaibaobao)

这句话包含的词汇有：

爸爸　爱　宝宝(baba ai baobao)

然而，婴儿不会把听到的句子截取成下列形式：

ba baai baobao

baba aibao bao

ba baaibaobao

或者其他意想不到的形式。

婴儿不会乱截取词汇的原因就在于每一个单词都是有重音的，“爸爸”的重音在第一个“爸”字，第二个“爸”字念轻声。“爱”单音独字，一个重音。“宝宝”的重读与“爸爸”一致。因此在这个句子里，婴儿通过重读判断单词何时开始，何时结束，就能从句子里截取出单词。从句子里挑出单词，是他们迈向母语的第一个里程碑。在这个过程中，婴儿先天的本能功不可没。换句话说，“baba ai baobao”被读成任何古怪的停顿，都使婴儿感到不舒服。

(二)婴幼儿怎么用自己的方式学习发音

婴幼儿听觉系统比发音系统成熟得早，1岁时他们已经能够清晰地听懂成人的指令，但他们的言语发音还有些幼稚古怪，有的孩子甚至还没有开口说话。这时婴幼儿已经不得不依赖社交来满足基本的生活需要和建构安全感了。尽管发音说话比听话更困难，但是能说一些简单的话总比无法表达更能改善自己的生存境况。

婴幼儿发音不准造成许多父母和教师的困惑。这是由于他们还不能很好地协调气息与咽喉、口腔的运动。只要听觉系统没有医学指标上的问题，我们无须过分担心他们是否听错了话。下面这个例子来自著名的美剧《实习医生格蕾》。

---

①如果婴儿长期聆听不自然、不流畅的言语段落，他们会逐渐放弃本能，靠近环境，以便同他人互动。这是语言环境带来的影响。

一个大约3岁的小女孩和医生的对话。

女孩："My mother draw a juice."

医生："What? What are you saying?"

女孩："My mother draw a juice."

医生："You mean your mother drank a juice?"

女孩点点头。

从这个例子我们可以看出来，女孩很清楚自己要说什么，但是她没办法清晰地发音。"drank"需要发出后鼻音，儿童的鼻窦在5岁前都非常狭窄，其无法像成人那样完整地发音。这就是我们说的"fis现象"，即儿童因为无法发出成熟的语音，所以根据自身的条件把发音调节到最接近成人语音的状态。翘舌音、鼻音、舌侧音都是比较难发的音。单词句阶段的1岁儿童甚至会跳过无法发出的语音，仅用一个词来表达整句话的意义。

圆圆1岁3个月了，最近很喜欢用手指着各种东西说："M↗mA↘?"①

"M"她用升调，"mA"用降调。这句话的语调先升后降，意思是"那是什么?"

从这个例子来看，婴幼儿用一个升调的"M"来表达"那是什"3个字的发音。"么"汉语拼音发作"me"轻声，她用一个降调的"mA"来表示，姑且算靠近"me"的读音。

用平舌音代替翘舌音，用前鼻音(甚至非鼻音)代替后鼻音，清音和浊音相互替换，都是很普遍的现象。这取决于怎么发音对婴幼儿来说更方便。至于语义，通常照护者在长期的抚育过程中，已经建构了和婴幼儿亲密的社会关系，所以他们都能听懂婴幼儿的话。需要提醒的是，成人不要模仿婴幼儿稚嫩古怪的发音，这会混淆他们的听觉感受。我们只需要正常说话即可，假以时日，婴幼儿会自动靠近母语成熟的发音。

三、婴幼儿的普遍语法能力——造句

婴幼儿最初需要累积一些词汇才能开口说话，到1岁他们大约可以掌握10个单词。长期的听觉刺激使他们获得某些常见单词的读音组合。这些读音配合婴幼儿认知能力的发展，引导婴幼儿习得读音所代表的含义。当婴幼儿的词汇量过于贫乏时，他们只能通过一个单词来表达意思，即"单词句"。婴幼儿的词汇量会在1岁到2岁间爆发性增长。1岁半以后婴幼儿开始尝试用两个词来组合句子，即"双词句"。词汇量越大，婴幼儿组合句子的空间也越大。他们很早就学着搭配不同的词汇构造句子，而且造句方式有着某种相似的规律。

---

①圆圆，2011年9月11日出生。案例摘自圆圆成长记录。

如果我们能撇开偏见看待婴幼儿的句子，就会发现语法并没有绝对的正确和错误之分。比如中文、英文习惯使用“主+谓+宾”的顺序结构，而在日语中则采用“主+宾+谓”的顺序结构。即使同一种语言，其语法会发生变化。比如中文，用现代汉语语法习惯衡量古汉语，我们称古汉语中有些句子为倒装。婴幼儿在适应母语语法前会进行各种各样的尝试，直到找到周围人熟悉的那种语法。一个句子的语法也许在英语中不正确，但在日语中则完全正确；在现代汉语中似乎有问题，而假如婴幼儿生活在中国古代，则问题完全不存在。例如：此何人(是)也？这个句子的谓语就在宾语之后。

乔姆斯基最早提出，婴幼儿大脑中有一种受遗传因素决定的“先天语言获得装置”(Language Acquisition Device，简称LAD)。LAD包含两样东西：①人类语言普遍的语法规则；②感受不同语言的语法参数的本能。换言之，婴幼儿出生即带有语法本能，只不过他们的语法既包含中文语法、英文语法，也包含日语语法……他们还有观察周围人使用语法的本能，假如父母习惯用现代汉语语法说话，那么婴幼儿也只好将就父母，使用现代汉语语法。

所以，评价婴幼儿的语法能力不能以其母语作为唯一标准。我们应该看到人类语法的共通性，这可以帮助我们更好地理解婴幼儿语法能力的发展。下面我们来谈乔姆斯基提出的婴幼儿普遍语法规则所展现的特点。

(一)婴幼儿最初的语法形式

先天普遍语法能力的基本规则是，句子的组成单位是短语，而不是单词。无论哪国的婴幼儿，在刚开始学习造句时，凭本能所使用的最简短的单位也是短语，而非单词。

学说话

吃完饭，奶奶又问：“冬冬，吃饱了不？”

她好像答道：“吃饱哇！”

奶奶问：“尿泡不？”

过去，她如果没有尿，会用摇头来表示。这次她竟说出“我不哩！”①

冬冬1岁出头，才刚开始学说句子。如果出于单纯的模仿，上述问句“吃饱了不”，有很多被模仿的可能：“吃饱”“饱了”“吃饱了”“饱” “了不”。

对成人而言，可能会回答“吃饱了”或者“饱了”。“了”在中文里表示过去时，但幼儿由于太小，还不会使用时态，所以她不用“了”。而“饱”是一个单词，虽然这个回答从中文语法上完全正确，但很怪异。至于“了不”根本不能表示任何意思。“吃饱”是由两个短语结合的句子，最大程度地表达了语义主干，“吃”是动

---

①李宇明.人生初年——一名中国女孩的语言日志[M].北京：商务印书馆，2019：299.

词,"饱"是修饰动词的状语。为了平衡语音节奏,冬冬还增加了"哇"做语气助词,一个句子包含3种成分。

同理,"尿泡不"也有多种被模仿的可能:"尿泡""泡不"。然而冬冬选择用"我"做主语,"不"做谓语,又增添了一个语气助词"哩"。这实际上就是两个短语结合构成了主干。中文单音独字,所谓短语有时候看上去只是一个汉字,但不能误解为是单词(字)组合成句子,因为这些短语(单词)都承担着不同的句子成分。有些英文句子也是如此,例如:

For cookies. (The milk is for cookies.)

All gone. (The juice is all gone.)

That truck. (I want that truck.)

Like sleeping. (Cats like sleeping.)①

婴幼儿把句子最重要的短语成分说出来,而尽可能简省那些说话双方所共知的部分。这些省略的部分即使不说,也不影响主要意思的表达。婴幼儿不会把一个完整的句子拆得乱七八糟,比如"milk is" "juice is" "want that" "cats like",因为这样组合根本不能表达出具体意思。

这就是乔姆斯基所说的普遍语法,它是婴幼儿的先天本能。乔姆斯基的理论提醒我们,与婴幼儿对话我们应该尽量说完整的句子,而不是单词。句子包含至少两种的语法成分,婴幼儿的本能就是把小的短语成分嵌入到大的句子结构中装配句子。

(二)婴幼儿凭借经验习得母语语法

截断句子寻找短语这只是第一步,接着婴幼儿还需要把短语按照语法顺序排列出来。前面我们说过,语法因为地域、时空的不同,并没有唯一的通则。但为了适应当时当地的母语语法,婴幼儿还需习得另一种能力——把不同成分性质的短语按照母语惯有的规律装配成句子。

婴幼儿即使在最初尝试"双词句"时也不会胡乱地搭配短语成分。先天普遍语法能力的第二条规则是:句子中有不同的句子成分,这些成分空位应该都被填满。②

谁吃谁?③

冬冬站在小童车里,一只手捏着一颗瓜子,一只手拿着玩具小马。

爸爸对冬冬说:"叫小马吃瓜子!"

---

①查尔斯·杨.无限的天赋:儿童如何学习和忘记世界上的语言[M].赵亮,王志欣,杜娟,等,译.北京:对外经济贸易大学出版社,2016:86.

②查尔斯·杨.无限的天赋:儿童如何学习和忘记世界上的语言[M].赵亮,王志欣,杜娟,等,译.北京:对外经济贸易大学出版社,2016:94.

③李宇明.人生初年——一名中国女孩的语言日志[M].北京:商务印书馆,2019:319.

她把小马放进自己的嘴里。

爸爸说："冬冬，你喂小马吃瓜子！让小马吃瓜子！"

冬冬这次明白了，把瓜子送到小马嘴边。

爸爸故意要实验一下冬冬的句法理解能力，说："冬冬，吃小马！"

冬冬把小马放进嘴里，理解对了。

爸爸："冬冬，让妈妈吃小马！"

冬冬把瓜子塞进妈妈嘴里，没有理解对。

爸爸："冬冬，把你的小马给妈妈吃！"

冬冬把小马送到妈妈口边，理解对了。

爸爸："冬冬，把瓜子给妈吃，把瓜子给马吃！"

冬冬眼神恍惚，茫然不知所措。

这个例子非常典型，儿童理解语言时会本能地期待动词附近应该包含至少两个成分。皮亚杰认为儿童是通过动作发展对主客体关系进行认知的。认知本能引导儿童主动寻找发出动作的主体，即主语，以及承受动作的客体，即宾语。

"叫小马吃瓜子"，"叫"为动词，"小马"为宾语，所以这个句子的主干还缺乏一个主语。冬冬为这个句子补充了主语——她自己，所以把小马放进自己的嘴里。

"你喂小马吃瓜子！""冬冬，吃小马！"这两个句子结构是完整的，主客体很清晰，所以冬冬本能的理解是正确的。

"冬冬，让妈妈吃小马！"这个句子里的主干是"冬冬让妈妈吃(宾语补)"。冬冬理解没有错误，她让妈妈吃了一个东西。至于把"小马"理解成了"瓜子"，是词汇掌握的问题，不是语法层面的错误。

"冬冬，把你的小马给妈妈吃！"这个句子尽管有点长，但主谓宾非常清晰，冬冬按原本的顺序完全能够理解。

"冬冬，把瓜子给妈吃，把瓜子给马吃。"这个句子的语义，由一个主语统摄两个分句，超越了冬冬的解读能力，所以她表示茫然。

经验就是儿童与生俱来的理解语法结构的本能。乔姆斯基在其1957年出版的《句法结构》中层层推理证明，儿童具备语法的先天本能。这个本能放在中文语境下同样具有强大的解释力度。儿童只需要定位好动词词组，然后把前后主语和宾语的位置填满，就基本满足了句子装配的要求。

(三)句子成分的脱落、移动和思维理解力

普遍语法规则引导婴幼儿认知词组和词组所具备的词性，就像准备好炒菜的材料。至于怎么安排材料下锅的顺序，乔姆斯基则指出，尽管不同语言的语

法规定的词组编排顺序不同，婴幼儿依然能利用本能探索出适当的句法结构，这就是所谓的语法参数本能。

皮亚杰指出，婴幼儿利用动作确定主体和客体的关系。比如一个正在学习爬的婴儿用手推动了一个球，导致这只球滚向门口，那么婴儿能通过观察发现，“推”和“球的移动”有明确的关系。维果茨基指出，认知的发展大约在2岁，与言语的发展开始交叉。动词对句法结构的形成有着重要的作用。假如我们把动词词组当作一个句子的中心，就会发现各类语言的主语和宾语都围绕着动词运动。英语和中文的主语和宾语分别在谓语动词的前方和后方，而在日语、俄语中，动词完全可以被置于句子末尾。至今为止，被研究的大部分语言都为“主+谓+宾”结构，一部分为“主+宾+谓”结构，少数为“谓+主+宾”结构。

婴幼儿本能受控于动词词组，他们通过认知发展能够检索出句子中的动词词组，以此定位，在动词词组前后搭配主语和宾语。搭配的方式如上文所述，至少有两个参数。在经过环境足够多的刺激之后，婴幼儿将关闭不必要的参数，选择母语的搭配方式。假如一个中国宝宝，那么他的句子是这样的：宝宝推了一个球。假如是一个日本宝宝，他的句子应该是：宝宝一个球推了。

“推”这个动作可以放在句末，或者夹在主语和宾语中间，多种可能性构成了一个参数。早期婴幼儿在这个参数中可能做出任意的选择，但久而久之，他们会归纳出必要的参数选择。同样的，要把一个句子转换为问句，婴幼儿需要疑问词的位置参数做参考。例如：

我喜欢喝牛奶。

我喜欢喝牛奶吗？

我喜欢喝什么？

在中文中，疑问词在各类句型中不需要移动位置，但是在英文中，疑问词移动的参数值却不一样，例如：

I like milk.

Do you like milk?

What do you like to dirnk?

每一种语言的语法都有一些特定参数的变化，这些参数包括“中心语”“疑问词移动”“动词时态”“动词导向移动”“主题脱落”“代词脱落”。[①]婴幼儿只要在这些关键的语法点确认参数值，他们就能迅速地获得母语语法规律。这就是3岁前婴幼儿能掌握母语的奥秘。

---

①查尔斯·杨．无限的天赋：儿童如何学习和忘记世界上的语言[M]．赵亮，王志欣，杜娟，等，译．北京：对外经济贸易大学出版社，2016：128.

第五节

古德曼全语言理论

全语言(Whole Language)理论并不是一套解释儿童如何习得言语的理论。该理论是在尊重儿童言语习得受先天和后天双重作用的基础上的一套语言教学理念,它充分考量了儿童或成人在语言学习过程中的实际困难,进而延伸出的一套非传统教学的观念和方法。

一、全语言教学理念

(一)全语言是什么

"Whole Language"一词是20世纪80年代之后被普遍使用的。在那以前,语言教学是我们熟悉的传统模式,从拼音到词汇再到用词汇组成句子,即语法规则。整套教学依照从简单到复杂,从短到长的规律编排教材。但令人困惑的是,没经过任何学校训练的小婴儿能在3年这么短的时间内学会说母语,而许多言语流畅的儿童进入学校后学习语文的过程却困难重重。以肯·古德曼和迈克尔·霍利迪为代表的研究者从心理语言学和社会学的角度探讨了人类语言行为的本质,认为语言的学习应当基于学生的实际需要,从而激发出学生学习的动力。碎片化的单词、句子即使编排得很严谨,但如不能与学生的个体生活经验发生联系,那么语言学习一开始就是困难的。全语言研究者通过对语言、学习、课程、教学与教师的重新思考,产生了有别于传统的语言教学法,称之为"全语言"。

全语言不只是一种教学法,更是一些有别于传统教学的观念、态度和原则。全语言教学的原则是充分考虑学习者的心理状态、个体经验,来选择适当的教学材料。全语言教学并不以词汇拼写、语法正误作为唯一的评价准则,而更注重学习者是否有动力在原有基础上尝试听、说、读、写,在使用语言的过程中表达自己真正的思想。总而言之,全语言教学是为了帮助学习者解决语言学习的困难而存在的。这套原则下的方法随学习者和环境的不同而改变,但总体目的是使语言学习变得简单。

(二)全语言牵动教学结构改变

全语言对比了不同的语言学习境况。以下对比反映了不同情境中语言学习者面临的难度差异。

语言特质与学习难易度对照表[①]

当语言具有下列特质时,比较容易学习:

是真正的、自然的

是完整的

是有意义的、可以理解的

是有趣的

是与学习者相关的

是属于学习者个人的经验

是日常生活的一部分

具有社会功能

对学习者而言是有目的的

学习者自己想学的

学习资源是唾手可得的

学习者有使用的自主权

当语言具有下列特质时,比较难学习:

是人工的、不实际的

是零碎而片段的

是无意义的、无法理解的

是呆板且无趣的

与学习者无关的

是属于他人的经验

与实际生活不相干

不具任何社会功能

对学习者而言没有明显的目的

学习者被强迫而学

学习资源是难以取得的

学习者完全没有自主权

从上面的对比中我们会发现,全语言教学理念与幼儿园教学理念有诸多相似的地方。首先,全语言教学强调学习过程应当是自然的,而对学习者而言,没有比普通的日常生活更为自然的状态了。日常生活里我们面临无数使用语言的机会和挑战,而这些往往紧密地与学习者的个体经验相联系。学习者可以在自然的状态下,在使用语言的过程中学习怎样使用语言。此外值得一提的是,

①肯·古德曼.全语言的“全”全在哪里[M].李连珠,译.南京:南京师范大学出版社,2005:4.

全语言教学并不遵从人工编订的教材,学习资源来自生活,是学习者面临的需要用语言来解决的问题。在全语言教学的课堂中,学习者是主动的。全语言教师用不同的方式诠释语言学习的过程,从而使语言教学的结构呈现出整体变化。教材、课堂策略、评价方式、教学环境等都被改变了。

(三)语言习得过程中的经验与知识

传统语文教学强调听、说、读、写四个方面的技能。在传统教学中,教师对学生展开有针对性的技能训练。然而,从全语言教学的观点看来,听、说、读、写在语言使用的过程中是不能截然分离的。学生学习语言的动力来自真实的教学任务,即他们在真实的生活教学情境中,需要使用语言解决问题。在这个过程中学生自然会遭遇听、说、读、写的困境,并会寻求教师协助。以此为基础,学生的学习任务就与经验背景有了潜在的联系,从而促进学生寻求知识或技能。然而在传统教学中,语文教学任务通常来自教科书,这些任务具有假定性,很可能与学生的经验基础脱节,但教师不得不推动学生进入学习任务中,并一再检验他们的读音、书写是否规范。由此衍生的考试这一评价方式尽管简单易行,却对学生的语言学习,尤其是语言技能的提升极为低效。

二、全语言对前阅读和前书写的促进

给故事续个结尾①

《王小打柴》的故事:王小很穷,很勤劳,以打柴为生。一条大蛇心生羡慕之情,变成了美丽勤劳的姑娘,为王小做饭洗衣织布,后来与王小结成了夫妻,过着幸福美满的生活。县太爷心生嫉妒,派了很多衙役,把大蛇姑娘赶走了。

冬冬说:“那个大蛇怎么变成个姑娘,不变成大蛇?吓死那个什么爷呀!”

她的这个结尾,似乎更合乎善有善报、恶有恶报的理念。

能够给故事续上一个结尾,需要理解故事的内容,也需要一定的社会经验。

全语言教学理念最初是在语言课堂教学背景下产生的,而且研究对象为英文学习(者)。随着这种理念在北美、新西兰、英国等地的传播,其也为亚洲地区所认同和接纳。逐渐的,学前教育领域开始尝试探讨全语言教学理念,并衡量其对尚不能进行正式阅读和书写的婴幼儿的意义。

(一)前阅读与前书写的事实与意义

全语言教学理念注重学习者在学习过程中对语言意义的追寻,教学重点并不在于拆分段落、解读句法,而是推动学习者从整体上把握文段的含义,对文段有所理解,并尝试表达个体的理解。婴幼儿并不具备正规认读和书写文字的能

①李宇明.人生初年——一名中国女孩的语言日志[M].北京:商务印书馆,2019:1746.

力，但他们依旧表现出对语言符号、书籍本能的兴趣。正是基于婴幼儿的这一特性，早期语言教学主要促进婴幼儿使用语言，并在此过程中培养兴趣，使其掌握技巧。从上文的例子来看，例子中的情境是一个典型的非正式语言教学情境，冬冬聆听了故事之后，自然地生发了对结局的认知和思考。冬冬把自己的意见表达出来的过程，是自然的、完整的、不具有假设性的造句。

全语言教学回避严格按照语言教科书编排的内容进行教学，因为教科书假定性的知识也许与婴幼儿的经验是脱节的。全语言教师务必造成语言学习是学习者事实上的需要，才能确保学习过程可能是有意义的。语言学习任务由教师和婴幼儿共同探讨决定，尤其是在生活中挖掘教学内容。该理念本质上与幼儿园课程教学理念是不谋而合的。

（二）前阅读和前书写经验在婴幼儿发展过程中的展开

全语言教学假定婴幼儿的读写在具体有意义的事件情境中展开。婴幼儿并不涉及正式读写，所谓前阅读和前书写是以听、说口语能力为基础，培养读写经验。尝试阅读和书写的过程决定了婴幼儿对待读写的态度。从全语言教学理念的角度，读写并不凭空发生在教室中，其内容和形式都有实际的操作目的，并且以婴幼儿为主导。教室环境、生活中需要使用语言的地方，各门学科涉及的语言使用，都是全语言教学的材料，师生关系、同伴关系、协同活动等都是使用语言的机会。将这个前提放在婴幼儿发展的过程中，则能够帮助我们理解婴幼儿在实际生活中需要的语言协助。比如常见的符号及其意义，相互交流，利用书写帮助记录一些必要的事……当婴幼儿意识到阅读和书写是有意义的，并可以成为自身所掌控的技能，那么前阅读和前书写将成为助益语言教学的经验。

三、全语言教师与早教机构的课程

晨晨是个中班的孩子。每天清晨，他在幼儿园吃过早餐后的第一件事是坐在活动室的书桌前填写签到表。签到表里包含4个内容：①日期；②今天天气；③姓名；④今天我要做。教师在书桌上放了自制的翻页日历，晨晨可以抄下日期。天气则用固定的图画符号表示，这些符号贴在书桌所靠的一面墙上，抬头可见。大部分孩子可以写出自己的中文姓名，有些孩子则写了英文名。最后晨晨要安排自己今天在幼儿园的活动。他在上面画了一个小人摆积木的造型，意思是今天他要去建构区。孩子每天填一张签到表，月末老师将搜集到每个孩子约20张签到表。教师把签到表放在一个文件袋中，然后和孩子们一起回顾这个月他们都干了些什么。

（一）全语言教师的能力基础

1.发掘全语言教学的材料

全语言教学并不使用特定的教材，婴幼儿生活中常见的事物都是语言学习的材料。路上的标志、玩具包装盒、衣服上的文字、书本、广告、卡通片的字幕……这些材料唾手可得，语言符号联系着实际的生活。不使用特定材料的教学与幼儿园、早教机构教学的性质很接近，教师需要从生活零碎的材料中整理出有逻辑层次的并能引起婴幼儿兴趣的语言学习教材。

2.创造充满语言符号暗示的活动环境

婴幼儿的姓名牌、涂鸦本上的签名、活动室里的各色标志、绘本、婴幼儿讨论过的问题记录、区角里投放的书写工具……都暗示着语言在活动场所的实际运用。教师应当有目的地在生活、学习、活动的环境中渗透语言、符号，以及与之相关的工具，让婴幼儿轻松自然地使用语言帮助自己完成一些活动。

3.促进婴幼儿在使用语言过程中的相互学习

全语言教学理念主张教师与婴幼儿、婴幼儿与婴幼儿之间的互动，语言学习应当在整个活动室内持续地发生，而不是教师主导、婴幼儿跟从。所以，小组活动比集体活动具有更大的灵活性，小组内的交流是多向度的。

4.使婴幼儿感到语言有助于生活实际

语言学习的动力源于生活的需要，学习的内容基于婴幼儿的基础。语言是在使用过程中学习的技能。全语言教师需要通过交谈了解婴幼儿发展的现状，从他们实际的困难开始协助其使用语言。脱离个体需求的教学假设不利于婴幼儿运用语言，从而使婴幼儿与语言之间产生鸿沟。善于发现婴幼儿语言能力和认知习惯的教师更能从整体上理解全语言教学理念是怎样在活动中转化为教学策略的。

（二）全语言教师如何组织早期语言课程活动

婴幼儿早期语言发展的重点是听、说能力，语言课程活动基本在生活中自然地展开。课程以渗透性活动为主要方式，辅以集体活动。活动室中的文字、多领域中的语言使用、师幼沟通的方式、言语交流的气氛、非言语方式辅助等，都是常用的教学方法。难点在于，教师需要把握这些琐碎的片段，使之成为有层次、有逻辑的课程目标和内容。活动策略是灵活多变的，评价方式随着婴幼儿不同阶段的表现亦需要灵活调整。

学前的读写课程目标①：

（1）持续培养婴幼儿对文字功能的知觉，不论是生活中的文字符号、信息阅读、字条笔记的书写，还是休闲的阅读等。

①肯·古德曼.全语言的“全”全在哪里[M].李连珠，译.南京：南京师范大学出版社，2005:72-73.

(2)营造读写氛围,提供各种具有功能的文字,经常鼓励婴幼儿去注意、使用它,并与它互动。

(3)延伸婴幼儿对书本的知觉,了解书本的使用方式。并非所有的婴幼儿在家中都有机会接触书本、杂志或其他文字形式,学校必须提供这些机会。

(4)延伸婴幼儿对叙述性和说明性文字的认知。

(5)延伸婴幼儿对书面语言各种形式和风格的知觉。成人不但要念书给婴幼儿听,还要与婴幼儿一起阅读,更要鼓励他们练习书写,把想表达的意思说出,由老师或是其他助手代写,或让婴幼儿亲自尝试写出自己的意思。

父母在此阶段扮演着极为重要的角色,应该与婴幼儿一起分享生活中的各种语言活动。例如:读信、填表格、看广告单、读杂志及共同参与其他的读写事件;同时要常带婴幼儿到图书馆借书,一旦婴幼儿会签写自己的名字,就让婴幼儿自行填写借书单,完成借书手续。

课程教学方法①:

(1)设立书写区,供应各式书写的工具和材料,及各种提供书写题材的事物。

(2)以书面语言标示教室中的各项事物,包括它的意义和用途,并鼓励婴幼儿去猜测文字的意思。

(3)多利用书面文字进行学校与家庭间的沟通。让婴幼儿知道文字内容,并强调他们当传信人的重要性。

(4)安排婴幼儿到学校附近的街道社区,找寻、观看其中的环境文字,并问“这些文字为什么在这儿?”“上面说了什么?”之类的问题。

(5)以婴幼儿的姓名制作出席表,或标明个人所有物品。让婴幼儿自己签到,自己把物品放到个人储物柜。

(6)制作各式表格及布告栏。

(7)以个别或是小组的方式与婴幼儿一起读儿童书。在阅读过程中,鼓励婴幼儿跟着读、预测故事内容、一起念。如果婴幼儿愿意的话,甚至可以让他们代替老师读故事。

(8)充实各式各样的书籍,例如:可做回应的书、可发展后续活动的书,或是无字图画书等。

(9)设立视听中心,提供婴幼儿可欣赏的光盘等;设立书写中心,让婴幼儿可以自发性地书写,例如:写购物单、字条、备忘录,或者为图片、照片加标题等。

(10)鼓励婴幼儿在阅读和书写上尝试和探索。

(11)在类似角色扮演的活动中,强调读写的价值。例如:看食谱烹调、持购物单到街角的商店购物,或在服装店中打扮、写拍卖单、画裁缝图样等。

---

①肯·古德曼.全语言的“全”全在哪里[M].李连珠,译.南京:南京师范大学出版社,2005:73-74.

这些都是幼儿园常用的课程教学方式。早教机构的婴幼儿年龄较小,在此基础上可以增删取舍,根据婴幼儿的精细动作、视觉发展调整活动项目,整体上课程依旧是渗透性的。

本章回顾

本章围绕0~3岁婴幼儿语言发展的基本概念展开,涉及语言与言语、语言习得与语言学习、语言发展与语言教育3组概念,对每一个概念进行了详述,分析了每一组概念的区别与联系。同时还阐述了0~3岁婴幼儿语言教育的意义。0~3岁是婴幼儿语言发展的重要时期,创造适宜的发展环境和条件,可以有效地促进婴幼儿语言发展,促进婴幼儿的思维、社会性以及审美的发展。同时母语的文化精神也熏陶着婴幼儿,为他们打下最初的文化烙印。

皮亚杰和维果茨基关于儿童语言发展的基本理论认为,言语发展与思维发展的关系是彼此牵制。乔姆斯基的LAD理论解释了,儿童是从整体到部分习得语言的过程。传统教学一般认为应该从语素、语音、词汇等小片段引导婴幼儿学习语言,而实际上婴幼儿语言习得的方式恰好相反。这是因为基因本身早就在大脑输入语言习题的路径。全语言理论兼顾基因和环境的影响,延伸出一套实用的语言教学原则和方法,有助于我们改善教学策略。

思考与练习

思考与练习参考答案

一、名词解释

语言　言语　语言习得　语言学习　语言发展　语言教育

二、简答题

1. 为什么婴幼儿发音不准却并不影响他们对语义的理解?

2. 你是否听过初生婴儿能听懂一切语言的说法?试用乔姆斯基的普遍语法理论解释这个说法。

3. 为什么婴幼儿使用语言的经验比语法更重要?

4. 全语言教师需要具备哪些学科的基础知识?

5. 列举一个婴幼儿言语和思维相互影响的生活案例,如数字、方向对言语符号的运用;动作对动词谓语使用的影响。

6.列一份有助于促进亲子教育的语言支持框架的清单。

例如：

1. 面对面与婴幼儿交流
2. 使用“儿语”
3. 经常进行户外活动，丰富交流的主题
4. 让婴幼儿主导谈话的内容

……

三、论述题

试述0~3岁婴幼儿语言教育的意义。

四、小组讨论

1.观察“自我中心言语”在照护婴幼儿过程中的意义。

2.全语言教学方式与幼儿园课程活动哪些部分是相互融通的?

3.科学领域、艺术领域中涉及的语言使用。

实操训练

1.记录和分析婴幼儿的两种言语。

<table>
<tr><td>观察者</td><td></td><td>观察日期</td><td></td></tr>
<tr><td>观察时间和时长</td><td></td><td>观察地点</td><td></td></tr>
<tr><td colspan="4">观察记录：
（采用连续观察记录法，忠实地记录下婴幼儿的言语、表情、行为等表现，但此处不做推论。）</td></tr>
<tr><td colspan="4">推论分析：
（根据本章理论，分析婴幼儿的言语属于自我中心言语还是社会性言语。）</td></tr>
<tr><td colspan="4">说明：此观察表可复制多份，依据时间取样或事件取样的原则，加以整理，并在一个阶段后描述出婴幼儿言语发展的线索。</td></tr>
</table>

2.观察、记录和分析双词句、电报语的语法雏形。

先观察并忠实地记录婴幼儿语言发音，根据其态度、表情、动作、气氛把握双词句的语义。对比婴幼儿实际说出的语言和语言背后完整语义的句子，了解婴幼儿在句子组成过程中“说出”和“隐藏”的部分，进而分析其语法发展。

例如：

<table>
<tr><td>观察者</td><td></td><td>观察日期</td><td></td></tr>
<tr><td>观察时间和时长</td><td></td><td>观察地点</td><td></td></tr>
<tr><td colspan="4">观察记录：
“妈妈抱”—“我要妈妈抱我”。</td></tr>
<tr><td colspan="4">推论分析：
句子主语为“我”，谓语动词为“要”，“我要”是句子的主干。但句子太长，主干都婴幼儿被省略，以动作和表情替代。
婴幼儿说出的部分为“妈妈抱”，从句主语为“妈妈”，谓语为“抱”，语序正确，顺利说出，省略了“抱”指向的宾语对象，整体并不影响语义表达。接下来可以注意观察，该婴幼儿主谓短语与谓宾短语使用的场景，留意其倾向于省略哪种句子成分，这些成分是怎么通过动作、表情等其他形式被表达出来的。</td></tr>
</table>

3. 梳理幼儿园、早教机构、家庭一日生活的各个环节，哪些涉及谈话、讨论、讲述、阅读、书写的能力；梳理婴幼儿生活的各个场所，哪些地方涉及图画、语言符号。

4. 根据参访、实习或工作过的幼儿园、早教机构，整理一日生活的环节和场所。哪些环节和场所涉及语言的使用，列出一份清单，反映出婴幼儿语言发展课程在学校的渗透性展现。例如：

环节	涉及语言使用	场所	涉及语言使用
入园	师幼问好；婴幼儿间交谈；教师与父母交谈	门口	签到卡、姓名牌、家园互动栏
早餐	婴幼儿间交谈；话题倾向	走廊	行走规则符号；活动图片和文字展示；动植物角中的文字标识
集体谈话	师幼交谈；婴幼儿讨论；个别演讲；图书、符号材料的参与	活动室	各类图文标识；阅读书写区；教师办公区；数学区域的材料和符号；其他活动区的材料和符号等
区域活动	符号标志；象征性游戏中的象征物	区角	图文标识；图书；各类广告纸、包装盒、报纸等具有图文特质的材料；书写工具的数量和品种
户外活动	师幼交流；婴幼儿交流；运动、游戏规则和符号的运用	婴幼儿作品展示区	涂鸦、绘画作品、婴幼儿签名、图文装饰等
休息	整理过程中的符号运用，如铃鼓声	……	……

推荐阅读

1. 安·S. 爱泼斯坦. 学前教育中的主动学习精要——认识高宽课程模式[M]. 2版. 霍力岩,刘祎玮,刘睿文,等,译. 北京:教育科学出版社,2019.

2. 玛丽亚·蒙台梭利. 童年的秘密[M]. 蒙台梭利丛书编委会,译. 北京:中国妇女出版社,2017.

3. 李宇明. 人生初年——一名中国女孩的语言日志[M]. 北京:商务印书馆,2019.

4. 查尔斯·杨. 无限的天赋:儿童如何学习和忘记世界上的语言[M]. 赵亮,王志欣,杜娟,等,译. 北京:对外经济贸易大学出版社,2016.

第二章

婴幼儿听的活动设计与指导

婴幼儿在学会说话之前的很长一段时间内，都在默默地学习听话，不断地积累着关于发声、语音、语调，甚至体态语言等各方面的经验，为之后能听懂语音，能说出字、词、句乃至完整流畅地表达打下基础。了解 0~3 岁婴幼儿听的生理机制与言语表现，掌握 0~3 岁婴幼儿听话活动指导的原则和策略，引导婴幼儿学会倾听，为婴幼儿学会表达奠定良好的基础。

学习目标

1. 了解0~3岁婴幼儿听的生理机制。
2. 掌握0~3岁婴幼儿听话活动设计与指导。

学习重难点

学习重点:0~3岁婴幼儿听话活动指导的原则和策略。
学习难点:0~3岁婴幼儿听话活动的设计。

思维导图

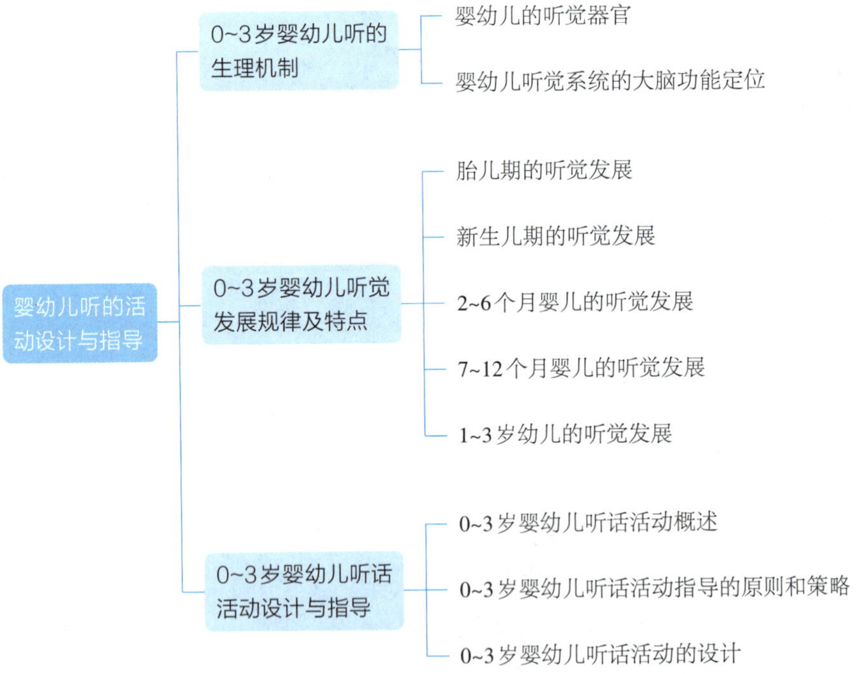

第一节

0~3岁婴幼儿听的生理机制

豆豆是一名出生才3天的小男婴。豆豆的舅舅去看他时，站在他左边说话，他听到声音后，头朝左转，眼睛看着左边的方向。舅舅十分惊讶地说："豆豆看我说话呢！"接着，舅舅换到右边的位置继续说话，豆豆头跟着朝右转动，眼睛看着右边的方向。这真是很奇妙的事情，新生儿能将声音与声源联系起来。

声音信号是如何传送到大脑的？听觉反应又是如何产生的？

人类的听觉系统也就是声音传导的路径，包括外耳、中耳、内耳、听神经和听觉中枢。外耳、中耳、内耳负责收集声波，并把声波转换为神经冲动沿着神经通路传至大脑；大脑韦尼克区主要分辨语音、理解语义。大脑分辨来自听觉器官的语音物理声波，最终把声音信息转换成人类能理解的含义。

一、婴幼儿的听觉器官

人类的听觉器官包括外耳、中耳、内耳3个部分。婴幼儿听觉器官的生理解剖与成人略有差异。

外耳由耳郭和外耳道组成，耳郭像一个漏斗，收集和传导环境中的声波，把声波送入外耳道。外耳道的尽头为耳膜(鼓膜)，是外耳和中耳的边界。外耳在传送声波上扮演次要的角色，主要负责将声波传入耳膜，进入中耳。外耳道能分泌耵聍，并且它的弯曲形状使异物很难直接进入耳膜，能起到保护耳膜的作用。婴幼儿的外耳道在出生时比较短，出生9年后才能到达成人的长度。

中耳包括耳膜、听小骨和半规管等，其功能是负责将外耳收集的声波传送到内耳。耳膜是光滑、透明、珍珠灰的薄膜。从外耳传入的声波敲震耳膜，耳膜震动推动3块听小骨震动。听小骨由锤骨、砧骨以及镫骨组成，彼此之间充满空气。半规管能防止液体积聚在中耳内，它连通了中耳腔和口腔，起到平衡内外压力的作用。

内耳包括耳蜗和前庭系统，可以将声波转为神经冲动，传向听神经与听觉中枢。耳蜗内有听觉传感器，称为螺旋器。

听神经负责将声音信号传送到大脑，听觉中枢负责分析听神经传送来的信息上传到听觉皮质，从而产生听觉反应。

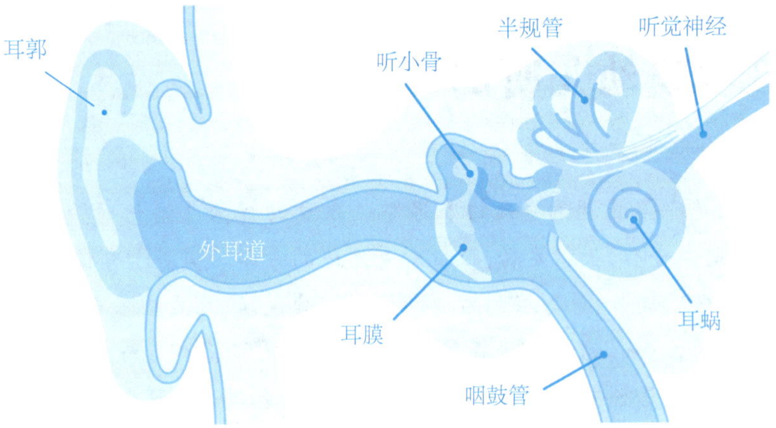

图2-1　耳朵构造

心理学家发现，胎儿从5~6个月开始建立听觉系统，6个月时，其听觉感受器基本发育成熟，听分析器的神经通路在胎儿9个月时基本完成髓鞘化。胎儿听觉随月份的增大明显增强，主要表现在两个方面：第一，听觉距离增加；第二，听觉接受频率增高。出生后发育正常的婴儿对音乐和语言的感知能力发展更为迅速。随着大脑的发展，婴幼儿能迅速地把母语从嘈杂的背景中分离出来，其听觉感受性甚至比成人更敏锐，这为婴幼儿听成人说话以及听懂成人语言奠定了良好的生理基础。通过听觉获得声音，进而分辨母语语音的内部差别是婴幼儿语言发展的重要前提。

二、婴幼儿听觉系统的大脑功能定位

人类的大脑皮质区域存在一个韦尼克区，负责对语言的分辨和理解。1874年德国青年医生韦尼克在一个由左脑颞上回病变引起的言语理解困难的病例中发现，该区域受损的病人无法分辨语音，并出现语义理解困难，因此他提出了听觉性语言中枢的概念。

听觉性语言中枢位于大脑顶叶、枕叶、颞叶交汇处的颞上回位置，主要作用是分辨语言并形成语义，与语言的接受（或印入性语言）有密切的关系。这一区域受损的患者即使听力正常，也无法听懂别人的话，因为他们无法检测自己的口语表达，他们能够理解一句话中的每一个词语，但不能明白整句话的意思，因此无法做出与言语相对应的反应，研究者将这一语言障碍称为“感受性失语症”。

婴幼儿大脑发育是一个循序渐进的过程。大脑神经按照从下到上、从后到前的次序依次发育。韦尼克区靠近角回，相比布罗卡区（主管说话的区域）发育在前。婴幼儿在6个月左右时能分辨出母语中声母和韵母的搭配变化，在8个月左右时能够把不同的语音变化和语义联系起来，即音位知觉，这是婴幼儿听力发展的重大里程碑。此后，生活中特定人物的名称开始以听觉符号的形式为婴幼儿所吸收掌握。这种能力随着韦尼克区的发育逐渐呈现,并在婴幼儿开口说话前,为日后婴幼儿对语言素材进行搜集、整理、分析奠定基础。

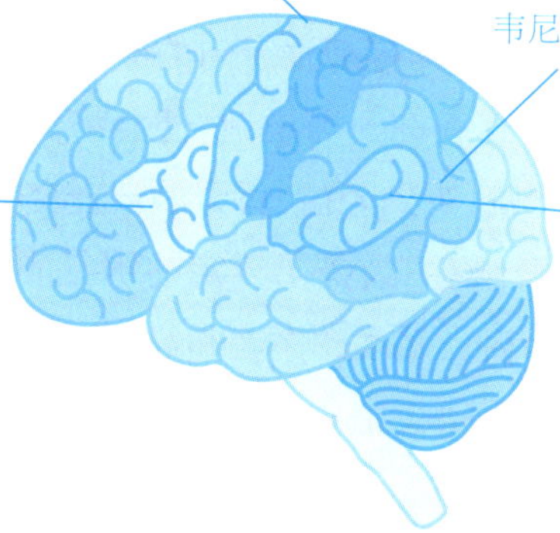

图2-2　大脑皮质中与语言相关的区域

第二节

0~3岁婴幼儿听觉发展规律及特点

冬冬8个月了,她一听到妈妈的声音就咧开小嘴冲着妈妈笑,她最喜欢听妈妈温柔的声音和语调了。一天,她跟妈妈正玩儿得高兴,妈妈的手机突然响了,妈妈一边接着电话一边拉着冬冬的小手。打完电话,妈妈就把冬冬交给爸爸,急急忙忙穿上衣服,要往外走,边走边对冬冬说:"爸爸陪你玩,妈妈有急事,一会儿就回来。"冬冬知道妈妈要走了,"哇"的一声大哭起来。

不同年龄阶段的婴幼儿在听觉上有不同的发展规律和特点。

婴幼儿随着机体的不断发育成熟,其听力也在不断地发展。在不同的年龄阶段,婴幼儿听话活动呈现出不同的特征。

一、胎儿期的听觉发展

胎儿在5~6个月的时候就开始形成听觉系统,可以透过母体听到外界800Hz以下的声音,并做出反应,更能听到母亲的心跳声。因此,婴儿在出生后的很长一段时间内都能在母亲的怀里得到安定,往往是因为听到了熟悉的心跳声。

拓展阅读

胎儿内耳在妊娠中期已完全发育,可对各种声音起反应。在子宫内,胎儿经常被很响的声音所包围,如子宫动脉节律性的血流声,被母亲肠内的空气所加强;胎儿对子宫外的声音如猛烈的关门声或响亮的音乐等均可发生反应。胎儿也可听见成人所听不到的极高或极低频率,低频率的声音可抑制其活动,反之,高频率的声音可加强其活动。①

二、新生儿期的听觉发展

新生儿对声音较为敏感,具有听觉定向的能力,能较为准确地判断声音发出的位置。当新生儿听到有人在一旁说话,便会将头转向熟悉的声音的方向,听到突然的响声会被吓一跳,听到陌生、新奇的声音会停下正在做的事情。

新生儿对语言也比较敏感,具备了一定的辨音能力。有研究表明,出生3天的新生儿已经能分辨出自己熟悉的声音和没听过的声音,并做出反应。当妈妈在新生儿看不到的地方呼唤新生儿的名字时,新生儿能将头转向妈妈发出声音的方向,但是对其他女性的声音没有反应。

此外,也有研究表明,新生儿喜欢听高音调的声音,父母在与新生儿说话的时候会不由自主地提高音调。新生儿对于柔美或节奏鲜明的音乐曲调也会更为偏爱,这样的曲调甚至会加快其吮吸的速度。

拓展阅读

我国心理学研究者廖德爱等人(1983年)将出生24小时以内的新生儿的听觉反应强度分为5个等级。当听到强烈的声音刺激时,新生儿的反应依次为:第一等级眨眼或嘴动一下;第二等级睁开眼睛,皱皱面孔;第三等级头扭动一下或面部带有哭相;第四等级眼珠转动,头眼有寻声运动;第五等级扭头张望。

三、2~6个月婴儿的听觉发展

2个月的婴儿对声音已经非常敏感了。此时,无论是熟悉的还是陌生的声音,婴儿都会做出反应。对于不同方向发出的声音,婴儿会更快地做出反应,转动头部来寻找声源。

3~4个月的婴儿能够区分不同成人的说话声。当听到妈妈的声音时会明显表现出高兴的情绪,听到温柔而好听的声音会做出积极的反应,如发出笑声或是晃动手脚等。他们也能分辨出语言所表达的不同情感,并做出不同的反应,如会被愤怒的语言吓到,对亲切的语言微笑等。

5~6个月的婴儿对各种声音都充满了好奇,并常常对声音做出回应,能够定位更远处的声源(如房间的另一边),对音量的高低变化也能有所反应。

---

①张明红.婴幼儿语言发展与教育[M].上海:上海科技教育出版社,2017:62.

四、7~12个月婴儿的听觉发展

7~8个月时，婴儿能倾听自己和他人的声音，并能根据声音与内容建立联系，能听懂一些简单的意思，如在婴儿面前叫“妈妈”，婴儿会自主地看向妈妈的方向。对声音中情感的分辨更为敏感，能够理解成人的语调和语气所表达的意愿并做出反应，如当成人说“不”时，婴儿能停止正在做的事。

9~12个月时，婴儿能区分音的高低，能够听懂一些熟悉的词汇，并对简单的指令做出回应，开始真正理解成人的语言。对声音的定位也更加清晰、准确，如在其头顶和脚下分别发出声音，婴儿能跟着声音抬头或是低头。

五、1~3岁幼儿的听觉发展

1~3岁阶段的幼儿倾听能力不断提高。在2岁多时，幼儿的有意倾听已经发展得较好，能够专注而持久地倾听一些声音，如能专心地听故事、广播节目，也能够较为自如地按照成人的指令完成一些事情，如把地上的垃圾捡到垃圾桶里，把小椅子移到小桌子旁边。这个阶段的幼儿还喜欢听重复的话，甚至会要求成人将同样的话再说一遍或好几遍。

第三节

0~3岁婴幼儿听话活动设计与指导

6个月的贝贝总是能安静地听妈妈讲故事、唱儿歌，在地垫上玩玩具的时候，也总是一边听着平板电脑里的儿歌一边玩。每天，妈妈下班进门一说：“我回来了。”贝贝总是能马上扭头转向妈妈，并高兴地向妈妈伸出手，嘴里还“咿咿呀呀”地叫着。妈妈一边放下东西，一边冲着贝贝笑着说：“在玩什么呢？想要妈妈抱了？”贝贝咯咯地笑着，举起手上的小娃娃上下摆起手来……

婴幼儿对声音相当敏感，但婴幼儿的听话能力对语言学习有什么意义呢？我们应该如何指导婴幼儿开展听话活动？

婴幼儿在学会说话之前的很长一段时间内，都在默默地学习听话，不断地积累着关于发声、语音、语调，甚至体态语言等各方面的经验，为之后能听懂语音，能说出字、词、句乃至完整流畅地表达奠定了基础。听话能力是人类语言习得的前提，先有倾听，才能学会表达。因此，听话在婴幼儿语言学习的过程中，起着非常重要且基础性的作用。

一、0~3岁婴幼儿听话活动概述

（一）听话活动的定义

听话活动是人类在语言交流的过程中，获取他人信息，以实现与人沟通和交流的重要途径。婴幼儿处在语言学习的关键期，对其开展听话活动正是进行语言教育的重要形式和内容。

听话活动主要练习语言感知能力和语言理解能力，以培养良好的听话习惯和听话能力。

语言感知能力就是我们通常所说的语感，是对语言内涵的一种直觉能力，是在语言环境中被长期熏陶和不断积累而得到的经验，能够使我们较为快速地、直接地领会语言的内涵。语言感知能力包括了对语音的感知和对语义的感知。语音就是语言的声音，是口语的物质外壳，语音感知即人们对语音的识别过程。语义是语言的内涵，只有正确地感知语音，才能理解和接受它所代表的意义。

语言理解能力是人们借助听觉或视觉语言材料，在头脑中主动构建意义的一种能力。语言理解能力是建立在语言感知能力的基础上的。在沟通交流中，语言理解能力越强，能从对方话语中获取的有效信息就越多，也就越能推进交流的进行，提升交流的效果。

语言包括口头语言和书面语言，婴幼儿的语言发展主要侧重于口语的发展。因此，婴幼儿的听话活动主要侧重于培养婴幼儿对口语的感知和理解能力。

（二）开展听话活动的意义

我们一般把婴幼儿的听话活动分为听音活动和听话活动。听音活动是指根据婴幼儿的年龄特点，有计划地为提高婴幼儿对各种声音的感受能力，达到能分辨出不同频率、不同强度、不同音色和不同音高的声音所进行的各种听音训练。听话活动主要指根据婴幼儿的年龄特点，有计划地让婴幼儿通过倾听说话学习语言，提高语言的理解能力的训练。

1. 听音活动的意义

听音活动能提高婴幼儿对声音、语言的感受性，以及对声音的感知能力，帮助婴幼儿分辨不同频率、强度、音色的声音，提高其识别周围环境的能力和方位听觉能力，为语音感知奠定基础。

2. 听话活动的意义

听话活动能促进婴幼儿语言能力的发展，丰富、优美的语言能给婴幼儿带来愉悦的体验和语言刺激，提高语言学习的兴趣，帮助婴幼儿建立语言环境并与环境中的人建立情感，对婴幼儿进一步模仿和学习说话，喜欢交流起到促进作用。

二、0~3岁婴幼儿听话活动指导的原则和策略

教师和家长在开展听话活动的时候应该依据不同年龄阶段婴幼儿的发展特点，有计划、有目标地开展活动，还应综合考虑不同活动环境和活动类型的整体安排。

(一)0~3岁婴幼儿听话活动指导的原则

1. 安全性原则

在指导婴幼儿开展听话活动时，一定要注意控制好音量。婴幼儿的耳膜非常脆弱，切忌出现过于尖锐或过高的声音，一切活动以不损伤婴幼儿听力为前提，但也不可音量过小，否则达不到训练的目的。音量的控制和调节主要把握几点：一是注意声源与婴幼儿的距离，保证声音出现在合适的范围内；二是选择玩具时挑选声音柔和、音量适宜可控的；三是成人与婴幼儿对话时注意把控自己的音量和语气，让婴幼儿能在身心愉悦的环境下开展活动。

2. 适宜性原则

一方面，婴幼儿以无意注意为主，有意注意的时间较短，因此，开展听话活动的时间不宜过长，一般控制在3~5分钟。时间太长，婴幼儿的注意力易转移到其他事物上，那么，听话活动也就难以达到良好的效果。另一方面，在开展听话活动时，应围绕婴幼儿经常能看得见、摸得着、尝得到或听得见的内容来开展，与婴幼儿的认知发展相结合，能够有效地帮助婴幼儿提高听话的水平。同时，我们在与婴幼儿对话时，应尽可能地将脸对着婴幼儿，以便他们能观察到我们的表情和动作，从而促进他们对话语的理解。

3. 规律性原则

对婴幼儿开展听话活动应该是经常性的、规律性的，这样才能更有利于培养婴幼儿良好的倾听习惯。首先，可以结合日常生活中的活动开展听话活动，如平时多与婴幼儿说话，引导他们完成一些简单的指令，与他们玩指认生活物品的游戏等；其次，根据婴幼儿的具体情况有规律地安排某个时间段或某个内容的听话活动，如在婴幼儿睡觉的时候哼唱催眠曲，让婴幼儿早上起来听一听欢快的儿歌，在培养倾听习惯的同时，也能培养良好的生活习惯。

4. 多样性原则

我们应尽可能挖掘生活中的声音资源，大自然的声音、家中各种生活活动的声音、工作的声音等等，尽可能地为婴幼儿提供多种多样的声音刺激，帮助他们感受不同声音的独特性，为他们能够辨别各种不同的声音提供依据。同时，我们开展听话活动的形式和环境也可以是多样的，既可以是渗透在日常生活中的小活动，也可以是专门的听话游戏；既可以在花园、公园里随机地开展活动，也可以在早教机构中有计划地进行训练活动。

5. 趣味性原则

趣味性原则是0~3岁婴幼儿听话活动指导中非常重要的原则，可以有效地帮助婴幼儿提高有意注意的持续性和提高参与活动的兴趣，在活动的过程中保持身心的愉悦感。教师和家长在对婴幼儿开展听话活动时，应该努力挖掘婴幼儿感兴趣的内容，或是寻找他们喜欢的玩具和环境，以此来激发他们参与活动的积极性。另外,还应多以游戏化的方式来开展听话活动,以激发婴幼儿参与活动的热情,如在躲猫猫游戏中,可以不断发出声音来吸引婴幼儿寻找自己,锻炼其声音定位能力的同时,也增加了游戏的乐趣。

(二)不同年龄阶段婴幼儿听话活动指导的策略

1.0~1岁婴儿听话活动的指导策略

(1)听音活动的指导策略。

①创设适宜的听音环境。

应该为婴儿营造一个良好的听音环境。良好的听音环境对训练婴幼儿的听力有着极大的促进作用。家长可以在家中婴幼儿经常活动的区域摆放一些色彩鲜艳且能发出声响的玩具,并经常与婴幼儿在此区域内开展听音活动。在日常生活中,家长应多与婴儿温柔亲切地交流,在建立亲子依恋关系的同时,营造和谐的听音氛围,使婴儿愿意并喜欢听家人说话。另外,应该多给婴儿提供听大自然和生活中各种各样的声音的机会,如小鸟叫、汽车喇叭等,以发展婴儿的听觉能力。

②开展感知声音练习。

应该有规律有计划地开展感知声音的训练。在日常生活和教学中可多与婴儿说笑逗乐,用各种夸张有趣的表情和不同语调的声音逗引婴儿,让其感知不同声音的情绪情感。还可提供不同音色的声音供婴儿聆听,如清脆的铃铛声,沉重的鼓声,各种动物的叫声等;通过改变声源的位置让婴儿感受声音的变化;通过提供不同节奏和强弱的音乐,让婴儿感受声音的多变。应注意所提供的音源音量应该适中,时间不宜过长。成人可用语言模拟声音来增加活动的趣味性。

③开展方位听觉练习。

可根据实际情况开展方位听觉的训练。家长可为婴儿提供寻找从视线中突然消失的事物的机会,如用一个可以滚动且能发出声音的玩具,从桌子的一头慢慢滚向另一头,让婴儿随着声音伸头转身寻找玩具。还可在婴儿面前摇铃,引起其注意后,走到婴儿视线以外的地方,再在婴儿身体的一侧摇铃,使其去寻找铃声。

④开展语音游戏。

可与婴儿玩多种形式的语音游戏。可在婴儿面前发出一些类似“a”“o”“e”的单元音,一边发出这样的声音一边面带微笑地抚摸婴儿,并等待他的反应(0~3个月的婴儿一般要过10秒左右才会有反应),若婴儿发出声音,成人应立即重复他的声音,照此反复进行游戏。重复婴儿的语言有助于诱导婴儿发音,也能使婴儿学会用声音来吸引成人的注意。还可以与婴儿玩小手、小脚的游戏,成人可握住婴儿的小手或小脚,将双手或双脚一开一合并发出一些拟声词引婴儿,不断重复,使其有快乐的听音体验。

（2）听话活动的指导策略。

①创设语言环境。

应让婴儿浸润在良好的语言环境中。成人应丰富婴儿的生活内容和社会活动内容，为婴儿的认知发展和语言学习奠定基础。一方面可在日常生活中引导婴儿借助各种感官多角度地感受周围的环境，增加生活的感性经验，提升认知水平，从而发展语言理解能力；另一方面应多带婴儿外出体验社会环境，观察和感受外界的语言刺激，丰富婴儿的语言感受。

②建立音义联系。

建立语音和语义之间的联系是婴儿进一步理解成人对话，以及进一步学习语言的基础。帮助婴儿建立语音和语义之间联系的方法有：动作配合法、实物配合法以及游戏法。

动作配合法是在与婴儿对话的过程中配合动作，以帮助婴儿理解语义的方法。如成人与婴儿互动时，一边抱起婴儿一边说“抱一抱”，一边亲吻婴儿一边说“亲亲”。这样，婴儿很快就能将对话的意思与所做的动作联系起来，并逐渐能执行成人的简单指令。

实物配合法是在与婴儿对话时，出示或指点相应的实物，以帮助婴儿理解语义的方法。如在户外遛弯时看到有人牵着小狗路过，可以指着小狗告诉婴儿：“小狗狗，小狗狗走过去了。”吃饭时，拿着婴儿专用的小碗告诉婴儿：“宝宝用小碗吃饭了。”随着认知能力的发展，到8~9个月时，婴儿开始真正建立起语言与实物的关系了。

游戏是婴儿最早最基本的交往方式，更是婴儿语言学习最常使用的方法。如摸脸游戏，妈妈在与婴儿面对面交流时，可以握着婴儿的手抚摸自己脸部的五官，一边摸一边告诉婴儿每一个五官的名称，并与婴儿互动。摸到嘴巴可告诉婴儿：“宝宝摸到了妈妈的嘴巴。”边说边嘟起嘴巴亲亲婴儿的小嘴；摸到鼻子则告诉婴儿：“宝宝摸到妈妈的鼻子了。”边说边皱皱鼻子，与婴儿碰碰鼻子。再如唤名游戏，成人一边看着婴儿一边面带微笑地呼唤他的名字，当婴儿有反应时，还可进一步与婴儿互动：“这是贝贝呀，贝贝在这里呀。”并与婴儿做一些亲昵的行为。

③增加交流频率。

成人应坚持每天都与婴儿有一定的语言互动，并提高与婴儿交流的频率，使婴儿能够不断地受到语言的刺激。如每天照护婴儿时，可一边开展活动一边告诉婴儿正在做的事情，如“宝宝，我们要喝奶了”“宝贝，妈妈去开一下门”“宝宝，我们去洗澡了”……当婴儿注视某一事物时，成人可对其进行解释：“小狗狗摇尾巴了，对不对？”“宝宝你在看什么？爸爸正在喝水。”当婴儿表现出某些情绪时，成人可给予反馈：“宝宝好开心对不对？”“哎哟哟哟，我们不高兴了。”

④念诵文学作品。

各种故事、儿歌、童谣等文学作品中的语言是经过提炼和筛选的，更为规范且富于韵律美，能极大地增加婴儿的语言词汇量和语言审美能力。因此，成人可以挑选适合该年龄阶段婴儿的文学作品为婴儿诵读，还可选择固定的时间开展阅读活动，如睡前给婴儿讲故事，晨起时给婴儿播放儿歌唤醒婴儿。该年龄阶段的婴儿喜欢不厌其烦地听同样的内容，因此，成人在一定时间段内不必选择过多的文学素材，挑选几个婴儿喜欢的反复讲述即可，一段时间后，再更换内容。

拓展阅读

成人应如何与婴儿对话

有些成人知道如何与婴儿说话，也知道该说些什么。但是更多的成人并不知道怎么做，甚至有的并不愿意这样做。对婴儿说些什么并不重要，重要的是和他们说话。任何话题都可以说，可以说说天气，外面是阳光灿烂还是瓢泼大雨，说说你计划要做些什么，接着说说你正在做什么，然后再说说你最后做成了什么，这些话题都可以跟婴儿说，不断地重复这样的谈话。

成人先开口对婴儿说，然后给他们留出时间去思考，等待几秒后他们发出声音，或者做出某个动作，如挥挥手臂。然后再继续说，等他们做出回应。婴儿做出的任何动作都意味着他们在回应你的对话。他们回应的方式不重要，也不一定要发出声音，只要能做出一个动作（如动动嘴、动动手或脚）就意味着他们在以自己的方式与你对话，成人就要及时表扬婴儿。成人经常与婴儿进行这样的对话，婴儿就会知道人们在对话中是要轮流说话的。

成人可以用肢体语言暗示婴儿轮到他说话了，也可以跟他进行眼神交流，或者一直等到他主动看向你，你可以睁大眼睛或者歪歪头，暗示你在等待他的答复。婴儿的任何动作或发出的任何声音都表示做出了回应。成人可以采用这样的说话方式进行对话，例如："你在干什么呢？"然后在婴儿做出回应后，继续说："洗澡的时间到了。"接着再问婴儿："你准备好了吗？要去洗澡喽。"在给婴儿换尿不湿的时候，对话是这样进行的，省略号表示留给婴儿回应的时间和婴儿的回应。

成人：我们现在开始换尿不湿吧。

婴儿：……

成人：这是你的房间，这是换尿不湿的地方。

婴儿：……

成人:我们先躺在换尿不湿的台子上。

婴儿:......

成人:把衣服解开。

婴儿:......

成人:把你的腿拿出来。

婴儿:......

成人:这是你的脚趾头。

婴儿:......

成人:我们现在把脏的尿不湿拿掉。

婴儿:......

成人:擦擦干净。

婴儿:......

成人:现在好干净啊!

婴儿:......

成人:我们现在来换上干净的尿不湿。

婴儿:......

成人:把腿伸进裤腿里,系上衣服扣子。

婴儿:......

成人:换好了,我们现在可以出去玩了。

婴儿:......

让婴儿说话不是在刻意教授,而是让他们自然地学会与成人进行对话。

2. 1~3岁幼儿听话活动的指导策略

(1)创设规范语言环境。

幼儿最初的语言学习是通过模仿所处的语言环境中的话语而习得的,因此语言环境的规范性对幼儿语言习惯的形成有着重要的作用。成人应该努力规范自己的语言,尤其是发音的规范性和遣词造句的准确性,尽量用优美的语言与幼儿交流,为幼儿提供良好的语言示范和学习榜样。当发现幼儿的发音或表达不准确时,成人应尝试猜测其要表达的意思,并提供正确的示范;若发现幼儿使用一些不文明的用语时,要及时纠正,告诉他们说这样的话是会让人生气的,同时要注意幼儿反复说出这类话语的原因。

(2)开展语言互动游戏。

这一阶段的幼儿已经有了一定的词汇积累,也能够表达自己的意愿,与成人进行简单的交流,因此可以开展一些互动式的语言游戏。幼儿在游戏中既要听也要说,在听说结合中继续学习语言。如传声筒游戏,可用报纸或纸杯做成传声筒，幼儿通过传声筒模仿成人说话；打电话游戏，幼儿平时喜欢观察成人打电话并喜欢模仿这一行为，家长可与孩子假装打电话，一问一答，培养幼儿说话的兴趣；猜声音游戏，让幼儿听周围发出的声音，也可人为地制造一些好听的声音，让幼儿猜一猜是什么东西发出的声音，若答不上来，就让幼儿边看边听，并一一告诉他。

(3)开展早期阅读活动。

这一时期幼儿的语言词汇量会快速地扩充，对图画书也表现出极大的喜爱。因此，成人可以挑选适合该年龄阶段幼儿的图画书，为其讲述里面的故事。讲故事时，尽量声情并茂，帮助幼儿更好地感受故事中的优美词汇以及理解故事的内容。幼儿喜欢反复地听同一个故事，因此，当幼儿已经对一个故事非常熟悉的时候，成人可以尝试与幼儿一起讲故事。开始时可以由成人讲故事的大部分，而将一些浅显的名字或名词留给幼儿来说，慢慢地，可以让幼儿复述短句或对话，这样能够有效地帮助幼儿提升语言的学习兴趣。

(4)丰富生活体验。

1岁以后的幼儿需要进一步丰富生活体验，以扩充认知水平，提高词汇量。一方面，成人可以让幼儿听指令，让其尝试完成一些生活小任务来增加生活体验，如让幼儿给爸爸拿鞋，把小纸团捡进垃圾篓里，帮妈妈搬小凳子等。在幼儿完成小任务后要及时给予表扬，以提高幼儿完成任务的兴趣，让幼儿有成就感。另一方面，可以送幼儿到早教机构或幼儿园小托班，让幼儿有机会接触到同伴，在与同伴交往的过程中学习语言。同时，早教机构或幼儿园开展的有组织、有计划的集体语言教学活动，可为幼儿提供更多听说语言的机会。

三、0~3岁婴幼儿听话活动的设计

在日常生活中，婴幼儿的父母或其他照护人可利用环境和各种机会开展随机的、渗透式的听话训练，在早教机构中的专业教师应组织有计划、有目的的专门性的听话活动，以提高婴幼儿的语言感知能力。

(一)听音活动的设计方案

1. 方案一：欢乐小铃铛

活动目标：对声音有感知力，发展听觉的敏感性。

活动准备：一些小铃铛、衣服和针线，将小铃铛缝在婴幼儿衣服的袖口上。

活动过程：①让婴幼儿穿上缝好铃铛的衣服，当婴幼儿手舞足蹈时，能听到小铃铛发出的声音。②当婴幼儿听到声音时，可以问婴幼儿："这是什么声音呢？"之后，帮助婴幼儿寻找声音的来源，并告诉他这是小铃铛发出的声音，让婴幼儿感受声音并记住这种声音。

活动建议：本方案适用于0~6个月的婴儿。我们要挑选大小合适的铃铛，防止婴儿将铃铛放在嘴里吮吸；铃铛的数量不要太多，以免声音过大影响婴儿的听力。

2. 方案二：小汽车嘀嘀嘀

活动目标：能正确判断声音的来源，提高婴幼儿对声音的反应能力。

活动准备：一个会发声的汽车玩具，放在室内的某个固定位置。

活动过程：①抱着婴幼儿，并让小汽车发出声音。②当声音传过来时，可以问婴幼儿："宝宝，这是什么声音呢？"③婴幼儿听到小汽车的声音后，会寻找声音的来源。当婴幼儿找到会发声的小汽车后，把玩具拿给婴幼儿玩，并对婴幼儿进行鼓励。

活动建议：本方案适用于1~3岁的幼儿。汽车玩具的颜色要鲜艳，这样可以很好地吸引幼儿的注意；玩具发出的声音大小要适度，不要过大，以免对幼儿的听力造成影响。这个游戏要经常且有意识地进行，这样才能不断提高幼儿对声音的反应能力。

3. 方案三：彩色的盒子

活动目标：锻炼听力以及声音判断力。

活动准备：两个大小相同、带着盖子、颜色鲜艳的盒子和一个音乐盒。

活动过程：①把音乐盒放到其中一个盒子内，盖上盖子。②婴幼儿站在桌子的一侧，成人将盒子内的音乐盒打开，然后反复交换盒子的位置，让婴幼儿指出声音是从哪一个盒子内发出来的。

活动建议：本方案适合于1~3岁的幼儿。游戏过程中，不要让幼儿手触碰到盒子，只让他用耳朵来判断；在反复交换盒子的位置时，速度不要太快。

4. 方案四：我学你听

活动目标：锻炼听力，能够正确分辨交通工具发出的声音。

活动准备：一些交通工具的卡片。

活动过程：①把准备好的卡片排成一排放在桌子上，婴幼儿站在桌子前，看着桌子上的卡片。②成人模仿交通工具发出的声音，让婴幼儿从卡片中选出正确的交通工具。③留给婴幼儿足够的时间，直到婴幼儿熟悉卡片上的交通工具发出的声音。当婴幼儿选出正确的卡片后，要及时给予鼓励，以提高婴幼儿玩游戏的积极性。

活动建议：本方案适合2~3岁的幼儿。这个游戏建立在幼儿对声音有一定熟悉度的基础上，这样幼儿才能通过声音正确地判断出交通工具。平时要注意收集一些包含自然界声音的光盘或音频文件，适时放给幼儿听，让幼儿熟悉大自然的声音，提高幼儿的听觉能力。

5. 方案五：好听的玻璃杯

活动目标：感受声音的强弱，了解声音的强度。

活动准备：12个大小相同的玻璃杯，每两个玻璃杯为一组，放入等量的清水；一双筷子。

活动过程：①打乱玻璃杯的顺序，放到桌子上，让婴幼儿以一个舒服的姿势坐下来。②拿起筷子，轻轻敲击其中一个玻璃杯的杯沿，请婴幼儿认真听玻璃杯发出的声音，再请婴幼儿拿筷子依次敲击其他玻璃杯，从中找出声音强度相同的玻璃杯并放在一起。③待婴幼儿挨个敲击玻璃杯后，询问婴幼儿："哪一个杯子的声音最强呢？""哪个杯子的声音最小呢？"

活动建议：本方案适合于2~3岁的婴幼儿。做游戏时选择一个安静的环境，以免影响幼儿的判断；用玻璃杯做游戏要注意安全，不要让玻璃杯伤到幼儿。

6. 方案六：谁在叫

活动目标：能够分辨不同的声音，发展有意倾听的能力。

活动准备：增进婴幼儿彼此间的熟悉程度，并熟悉所模仿动物的叫声。

活动过程：①请所有婴幼儿闭上眼睛。②指定一名婴幼儿模仿一种动物的叫声，如公鸡、小狗、小猫等。③让其他婴幼儿猜一猜刚才是谁在学动物叫以及学的什么动物。④请婴幼儿确认自己猜得对不对。

活动建议：本方案适合于1~3岁的幼儿。活动需要参与的幼儿彼此之间较为熟悉；对年龄稍小的幼儿可以降低活动的难度，如减少参与的人数。在家庭中使用这一方案时，可以通过播放录制好的声音让幼儿猜动物。

7. 方案七：我爱打击乐

活动目标：在活动中感受各种声音及其不同。

活动准备：玩具鼓、小鼓槌、空奶粉罐、空玻璃瓶、木头椅子等可敲击的东西。

活动过程：①成人拿起小鼓槌有节奏地敲击玩具鼓、空奶粉罐、空玻璃瓶、木头椅子等，让婴幼儿听声音，感受敲击不同物体时产生的声音不同。②引导婴幼儿去敲击各种不同的物体。

活动建议：本方案适合于0~3岁的婴幼儿。成人敲击物体的声音不要过大，以防吓到婴幼儿；对于年龄小一些的婴幼儿，成人可以握着婴幼儿的手去敲击物体；一次活动中敲击的物体不要过多，有三四种即可。这是一个可以连续进行的游戏，每次活动可以变换不同的物体敲击。对于年龄小的婴幼儿，听音即可，对于年龄大一些的婴幼儿，不仅可以让其听音，还可以让其辨音，即成人敲击各种物体后让婴幼儿自己敲击一遍，然后蒙上婴幼儿的双眼，成人敲击一种物体，婴幼儿听音后敲击相应的物体。

8.方案八:拨浪鼓在哪里

活动目标:提高方位听觉能力。

活动准备:拨浪鼓或能发出响声的玩具。

活动过程:①让婴幼儿仰卧在床上。②在婴幼儿的眼前弄响玩具。③分别在婴幼儿的右肩和左肩的位置弄响玩具。④一边上下移动,一边不断弄响玩具。

活动建议:此方案适用于2个月大的婴儿。这是一种训练婴儿追寻声源的活动,成人必须确认婴儿的头是否随着声响转动。

9.方案九:小鸭子在哪里

活动目标:训练听声音确定方位的能力。

活动准备:能发声的小鸭子一个。

活动过程:①在安静的房间里,成人抱着婴幼儿。②另一成人在不远处按响玩具小鸭,成人询问婴幼儿:"宝宝,小鸭子在哪儿呢?"③为了提示婴幼儿,成人再次按响玩具小鸭,以吸引婴幼儿的注意力。④让婴幼儿循着声音去找。

活动建议:本方案适合于4个月至1岁的婴儿。也可以将小鸭子玩具换成其他能发出声音的玩具。

10.方案十:是谁在唱歌

活动目标:训练听声音定方位的能力和倾听能力。

活动准备:婴幼儿喜欢的儿歌、某种播放器。

活动过程:①在安静的房间中,播放婴幼儿喜欢的儿歌,声音要若隐若现,不要太大。②成人问婴幼儿:"宝宝,你听,有人在唱歌,多好听的声音啊,是谁在唱歌?我们找一找吧。"③成人带着婴幼儿,在婴幼儿的示意下去寻找。

活动建议:本方案适合于6个月至3岁的婴幼儿。婴幼儿找到声音的来源后,要及时鼓励婴幼儿。

(二)听话活动的设计方案

1.方案一:寻宝游戏

活动目标:锻炼有意倾听的能力。

活动准备:玩具小狗一个。

活动过程:①告诉婴幼儿:"今天我们要玩一个寻宝游戏,宝贝是一个玩具小狗,它被藏在这间房子里,我们一定要把它找到。"②成人指示婴幼儿寻找:"看一看桌子下面有没有。""看一看沙发下面有没有。""看一看凳子后面有没有。"③婴幼儿按照成人的提示去寻找玩具,找到后成人可与婴幼儿一起拍手庆祝。

活动建议:本方案适合于1~2岁的幼儿。年龄小一些的幼儿,成人发出的指令可以简单一些;年龄大一些的幼儿,成人则可发出复杂一些的指令。

2.方案二:听指令做动作

活动目标:锻炼语言理解能力,能够辨别听到的词语的意思。

活动准备:一首儿歌——我们都爱做游戏,一起游戏多开心,摸摸这儿,摸摸那儿,摸摸桌子走回来。

活动过程:①成人对着婴幼儿念儿歌,当念到"摸摸桌子走回来"时,示范摸桌子的动作,让婴幼儿按照示范的样子听指示做动作。②当婴幼儿熟悉游戏规则后,可变化指令,如"摸摸凳子爬过来""摸摸沙发跑回来""摸摸大门跳起来"等,让婴幼儿跟随指令做相应的动作。

活动建议:本方案适合于2~3岁的幼儿。成人说话的速度要慢一些,说沙发、爬、桌子、走、凳子、跳等关键词时一定要用重音,以引起幼儿的注意。

3.方案三:虫虫虫虫飞

活动目标:喜欢听成人说话,能初步理解语义。

活动准备:儿歌——虫虫虫虫飞,虫虫虫虫飞,飞到哪里去,飞到(鼻子)上。

活动过程:①与婴幼儿面对面坐在一起,成人边念儿歌边用双手做动作,念"虫虫虫虫"时,双手食指互点,念到"飞"时,双手分开,念"飞到哪里去"仍可重复前面的动作,念最后一句时双手飞到哪里,就用手点哪里。②请婴幼儿跟着一起练习,边听儿歌边做动作。③婴幼儿熟悉后,让婴幼儿自己做动作,成人变换儿歌内容,如"飞到头发上""飞到嘴巴上""飞到小脚上"等。

活动建议:本方案适合于2~3岁的幼儿。成人在示范时,动作应尽可能夸张,让幼儿觉得好玩、有趣。

4.方案四:大卡车,运货忙

活动目标:锻炼听语言、理解语言的能力。

活动准备:大卡车图片或玩具,苹果与其他水果若干。

活动过程:①成人对婴幼儿说:"今天大卡车特别忙,忙着为大家运水果。来,让大卡车出发吧。"②成人念儿歌《大卡车》:"大卡车,运货忙,嘀嘀嘀嘀喇叭响,运来一车大苹果,我请大家尝一尝。"婴幼儿按指令拿苹果。③成人再唱儿歌,将苹果换成其他水果,婴幼儿按指令拿水果。

活动建议:本方案适合于1.5~3岁的幼儿。可适当增加名词词汇;大卡车可以运水果类的东西,也可以运家电类的物品、家具类的物品等。

5.方案五:小手拍拍

活动目标:锻炼语言理解能力,能跟着儿歌内容做动作。

活动准备:儿歌《小手拍拍》——小手小手拍一拍,我的小手举起来,小手小手拍一拍,我和妈妈(老师)拍一拍,小手小手拍一拍,我的小手藏起来。

活动过程:①成人一边念儿歌一边有节奏地拍手,引导婴幼儿一起做动作。念"小手小手拍一拍"自己拍手,念"我的小手举起来"自己把手举起来晃一晃，念“我和妈妈(老师)拍一拍”成人与婴幼儿对拍手，念“我的小手藏起来”把手放到背后。②重复念诵几遍，请婴幼儿自己一边听儿歌一边做相应的动作。

活动建议：本方案适合于1~3岁的幼儿。在活动中，成人念儿歌的速度要慢一点，与动作相关的词语要重读，以引起幼儿的注意。

6.方案六：听词拍手

活动目标：提高听力、注意力以及归类能力。

活动准备：想好同一类事物的词语，如苹果、橙子、香蕉、草莓等，再想一下和以上不同类的词语，如小鸡、小狗等。

活动过程：①成人将以上词语说给婴幼儿听，并告诉婴幼儿听到不同类的词语时要拍手，听到几次就拍几下，婴幼儿理解游戏规则后便开始游戏。②游戏开始时，说词语要慢一点，给婴幼儿一个适应的过程，然后再慢慢加快速度。

活动建议：本方案适合于2~3岁的幼儿。刚开始玩游戏时，要控制好难度，速度要慢，这样幼儿才会喜欢游戏；游戏的前提是幼儿已经了解一些分类的基本常识，才能成功地完成游戏。

7.方案七：传递悄悄话

活动目标：训练听觉能力，提升专注力。

活动准备：安静的场所。

活动过程：①游戏开始后，所有人不能大声说话，每人占据一个角落(可让家人或同伴一起游戏)。②成人悄悄告诉婴幼儿一个词语，然后让婴幼儿轻轻地走到下一个角落，把听到的词语悄悄地告诉下一个人。③下一个人再把词语传递下去，以此类推，最后传回到第一个人的耳朵，请这个人验证这个词语是否正确，如果有错，找出是哪一个人出错了，请他大声念3遍这个词语。

活动建议：本方案适用于2~3岁的幼儿。在整个游戏过程中，如果有人大声说话，或者发出响亮的走路声或其他声音，就算犯规，游戏要重新开始。待婴幼儿熟悉游戏后，可初步提高传递内容的难度，如换成短语，再换成句子。

本章回顾

本章从婴幼儿听觉系统的听觉器官和中枢系统描述了婴幼儿听觉的生理机制，分析了不同年龄阶段婴幼儿听觉的发展规律和特点，接着在阐述0~3岁婴幼儿听话活动的定义和意义的基础上，总结了0~3岁婴幼儿听话活动指导的原则和策略，并从听音活动和听话活动两个方面给出了听话活动的设计方案。

思考与练习
参考答案

思考与练习

一、名词解释

韦尼克区　听话活动

二、简答题

1.开展0~3岁婴幼儿听话活动有什么意义?

2.开展0~3岁婴幼儿听话活动应遵循哪些原则?

3.0~3岁婴幼儿听话活动指导的策略有哪些?

实操训练

项目一　1岁幼儿听话活动方案设计

项目目标:

能根据幼儿的听力发展特点,设计一个听话活动方案。

项目要求:

1.活动方案的设计具备活动名称、活动准备、活动过程等基本要素,最好能附上相应的活动建议。

2.活动方案内容符合1岁幼儿听力发展的特点。

3.活动开展的策略应详尽、合理,具有可操作性。

项目二　0~1岁婴儿听音定位活动方案设计

项目目标:

能根据婴幼儿的听力发展特点,设计一个听音活动方案。

项目要求:

1.活动方案的设计具备活动名称、活动准备、活动过程等基本要素,最好能附上相应的活动建议。

2.活动方案内容符合0~1岁婴儿听力发展的特点。

3.活动开展的策略应详尽、合理,具有可操作性。

推荐阅读

1.戴淑凤.中国儿童早期教养工程·1~3岁方案[M].3版.北京:中国妇女出版社,2013.

2.安·S.爱泼斯坦.语言、读写和交流:关键发展指标与支持性教学策略[M].李敏谊,李青颖,段天雪,等,译.北京:教育科学出版社,2018.

3.张明红.婴幼儿语言发展与教育[M].上海:上海科技教育出版社,2017.

第三章
婴幼儿说的活动设计与指导

婴幼儿不是一出生就能说出完整的语言，他们的语言发展是一个由低到高、由简单到复杂的过程。成人常常低估婴幼儿想要模仿的欲望和能力，其实他们很早的时候便开始模仿声音，踏出学习说话最重要的第一步。对婴幼儿来说，说话是一种游戏，婴幼儿都极爱玩这种游戏。

学习目标

1. 了解0~3岁婴幼儿语言发生发展的基本观点，获得对0~3岁婴幼儿说话活动的基本认识，掌握0~3岁婴幼儿说话活动的组织与指导。

2. 能够设计与组织0~3岁婴幼儿说话活动，具备组织与指导0~3岁婴幼儿说话活动的实践能力。

学习重难点

学习重点：0~3岁婴幼儿说话活动的发展及内容与组织。

学习难点：如何组织与指导0~3岁婴幼儿说话活动。

思维导图

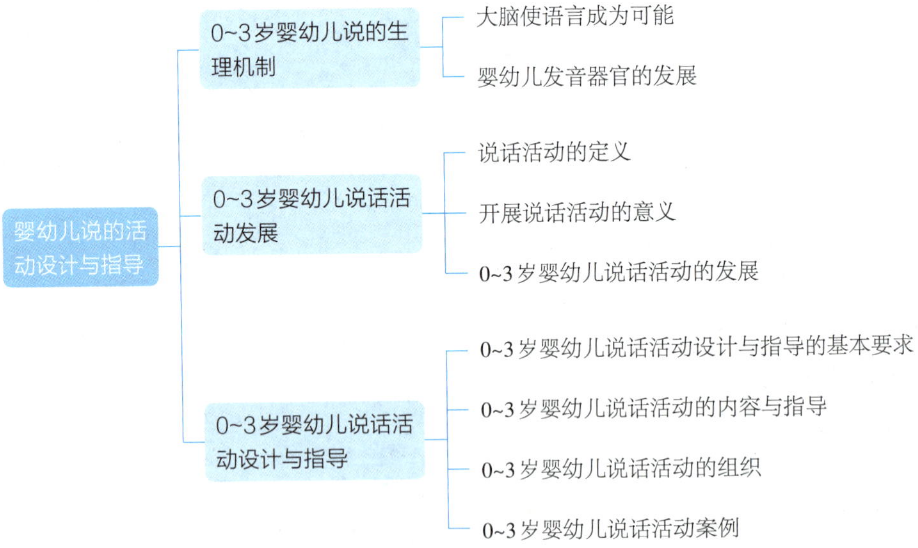

第一节

0~3岁婴幼儿说的生理机制

呜呜是一个19个月大的小女孩，平时妈妈哄她睡觉的时候最喜欢念儿歌。有一天清晨醒来，呜呜自己躺在床上玩被子，一边玩一边自言自语地念叨："大拇哥，二拇弟，中三娘，四小弟，五小妞妞来看戏。"这正是妈妈每天睡觉前给她念的儿歌。呜呜非常喜欢跟着大人学说话、念儿歌。

婴幼儿的语言表达随着其自身发音器官的成熟而变得更加丰富。人的发音器官有哪些？它们又是怎样发出各种各样的声音呢？

一、大脑使语言成为可能

大脑中的部分区域是与语言密切相关，包括基底神经节、布罗卡区、韦尼克区等。而大脑中的布罗卡区，被认为是运动性语言中枢，它是左额叶第三额回后部靠近大脑外侧裂处的一个小区，这个区域控制舌、腭的说话运动，主要功能是编制发音程序、产生协调的发音程序、提供语言的语法结构、引起言语的动机和愿望。

二、婴幼儿发音器官的发展

婴幼儿学习发音的过程是渐进的，并受到多方面因素的影响，有生理的、心理的，也有环境的。从生理上来说，随着机体发音器官的发育成熟，婴幼儿的发音是一个从单一到复杂，从模糊到清晰的过程。

人的发音器官主要有喉、声带、口腔、鼻腔、咽腔、牙齿、舌和唇等。

发音的原动力是呼吸时所产生的气流，当气流呼出或者吸入时会在呼吸系统的某些部位发生冲击或者摩擦，形成声音。呼吸器官产生的气流是发音的原动力。语音一般都是在气流呼出时发出的。

喉、声带：喉是由4块软骨组成的一个圆筒形的小室。小室的中央是声带。声带震动才会产生语音，声带是人发音的震动器官。新生儿由于声韧带尚未发育，发音音调单一。人的声带是随年龄逐渐增长增厚的，声带肌逐渐变厚，声韧带逐渐发育成熟，其声音逐渐出现了音高变化，从单一变为多样。

口腔、鼻腔和咽腔：发音时重要的共鸣器。婴幼儿的口腔、鼻腔和咽腔比较狭窄、短小，因此，发音也受到影响和限制。

牙齿、舌和唇：婴幼儿出牙与语音发展有一定关系，双唇和舌头的多样性活动也会引起新语音的产生。婴幼儿发音器官的运动，首先是双唇和小舌运动，而舌的运动先是舌尖和舌根，然后是舌面。

婴幼儿发音器官的运动，一开始是单一的运动，后来发展出复合运动，所以婴幼儿最早发音都是直嗓子，后来才有复杂的发音形式。

第二节
0~3岁婴幼儿说话活动发展

罗比在刚出生时，当大人对他说话，他会开合嘴唇，表现想出回答的样子。等到他2个月大时，因为常有人对他说话，他已经可以主控他与对话者之间的“谈话”，因为他已从对话者不断的反应中学习到声音、手势和其他肢体语言等谈话技巧。

从出生到3岁，婴幼儿说话活动的发展经历了什么阶段呢？

语言能力的基础在大部分婴幼儿的脑中已有建构。语言和说话密不可分，说话是表达语言意义的方式，语言是人际沟通的桥梁，语言表达会直接影响与他人的沟通和自身能力的发展。

一、说话活动的定义

说话活动，也是语言表达的活动，是个体以语言为载体，通过发音器官或其他部位的活动向他人传递信息的过程。语言发展得比较好的婴幼儿，往往思想活跃，性格开朗，喜欢同他人交往，活动能力也比较强。

二、开展说话活动的意义

良好的语言表达能力不仅有助于促进婴幼儿人际交往的发展，还能促进婴儿智能的发展。此外，语言表达在促进婴幼儿情感和良好个性品质的发展方面也起着重要作用。婴幼儿情绪外露多变，控制能力较差，语言的发展能培养婴幼儿表达情绪和控制情绪的能力，从而让婴幼儿具有健康积极的情绪情感。

三、0~3岁婴幼儿说话活动的发展

根据0~3岁婴幼儿语言发展的规律，可将其语言发展过程可分为3个阶段：前语言阶段、词汇表达阶段、句子表达阶段。

（一）第一阶段：前语言阶段

前语言阶段是说话活动的最初阶段，是词汇表达阶段的基础。前语言阶段的婴儿声带比成人薄且短，并且其口腔、鼻腔和咽腔都比较狭窄、短小，所以只能进行最简单的啼哭，还不能发出不同的音节。从出生到1岁，婴儿主要通过语音、动作和表情等进行表达。这一时期根据婴儿的语音表达能力，又可以分为3个阶段。

1. 简单音节阶段(0~3个月)

在这一阶段，婴儿的声音主要有两种：哭叫声和单音节。婴儿第一个月的主要发音活动是哭叫。从第二个月开始，婴儿能发出一些非哭叫的声音，主要是一些单音节。

2. 连续音节阶段(4~8个月)

这个阶段，也称为"牙牙语"阶段。婴儿的发音出现明显变化，经常发出重复的音节，如"ba-ba""ma-ma""da-da"等近似词的发音。

3. 学话萌芽阶段(9~12个月)

在这一阶段，婴儿能够连续发音，并逐渐能发出更为复杂的声母，如"x""j""q""s""z"等，也可以变换音调，逐渐出现了四声。

(二)第二阶段：词汇表达阶段

幼儿词汇表达能力的发展主要表现在词汇数量的增加、词类范围的扩大两个方面。

1. 词汇数量的增加

词汇量是幼儿语言发展的一个重要方面，词汇量的多少直接影响到幼儿语言表达能力的发展。幼儿的词汇量随着年龄的增长而增加。幼儿在1岁左右说出第一个单词，到2岁末时可以掌握250~300个词，3岁末时掌握860~1065个词。

2. 词类范围的扩大

在词类方面，幼儿最先掌握的词类是名词和动词，其他词类随年龄增长逐步增加。幼儿一般先掌握实词后掌握虚词，3岁前幼儿掌握的词汇中各种词类都有，但主要是实词，以名词、动词、形容词为主，虚词较少。

(三)第三阶段：句子表达阶段

幼儿到2岁时，父母应当能够轻松理解其所说话的50%~75%。幼儿到3岁时，父母和其他成人应当能够轻松理解其所说话的75%~100%。

1. 从简单句过渡到复合句

3岁左右时，幼儿基本掌握了口头语言，可以用语言表达自己的需要和情感，用语言来调节自己的动作和行为，基本上能运用语言与人进行交往，但仍以简单句为主。4~5岁时幼儿开始尝试复合句。6岁时幼儿基本能很好地表达。

2. 多种句型的过渡

幼儿最初掌握的是陈述句，疑问句、祈使句、感叹句等也逐渐增加，但对某些比较复杂的句子还是不能完全理解。

3. 从无修饰句向有修饰句过渡

随着年龄的增长，幼儿表达的简单句中的修饰语增加。简单修饰语和复杂修饰语都出现了。

第三节
0~3岁婴幼儿说话活动设计与指导

一、0~3岁婴幼儿说话活动设计与指导的基本要求

3岁前婴幼儿的说话活动主要是使用口头语言进行对话，是情境性的、不连贯的言语活动。设计0~3岁婴幼儿说话活动的基本要求是：

（一）培养婴幼儿说的兴趣

让婴幼儿愿意用语言、表情、动作等进行表达，体验语言交流的乐趣。这是从语言表达的主动性、积极性、丰富性角度提出的要求，这不仅是婴幼儿语言发展的需要，更是婴幼儿个性、社会性及情感发展的需要。

（二）训练婴幼儿正确发出基本语音，学说普通话

正确、清楚地发音是运用口语进行交际的必要条件，是对婴幼儿语音发展的基本要求。此外，应积极创设婴幼儿学说普通话的环境，让婴幼儿初步感知普通话的音韵特点，愿意并喜欢学说普通话。

（三）初步培养婴幼儿的语言交流能力

语言是交往的工具，运用语言进行人际交往是婴幼儿语用技能发展的基本要求。注意提供丰富的语言环境，适当创设人际交往与语言交流的机会。在日常生活中随时随地用简明清晰、生动形象的语言与婴幼儿进行交流，使婴幼儿学会用简单词句与他人交谈，用语言向成人表达自己的要求和愿望，并学习语言交往的社会规则。

二、0~3岁婴幼儿说话活动的内容与指导

（一）0~8个月婴儿说话活动的内容与指导

0~8个月婴儿说话活动以语音模仿训练为主。

1.和婴儿亲切交谈

在肢体动作和音调上，照护者尽量表现出对婴幼儿的爱，有助于亲子关系的亲密性。婴儿需要有人刺激他，和他讲话并鼓励他的回答。跟婴儿有视线的接触是很重要的，婴儿可借此了解照护者的兴趣、感情、关怀和专注，这种方式也是极大的鼓励。

2.逗婴儿发出笑声

笑是婴儿与人沟通首要的几种方式之一。因此，和婴儿说话时尽量说些有趣、好玩和幽默的事，让婴儿常常笑声盈盈。用微笑、拥抱和专注来回报婴儿与你的沟通，如此可增强婴儿说话的动机。

3. 识别婴儿的需求

从婴儿的哭声去辨别他的需求。无论婴儿是因为饥饿、累了、无聊或是想求得关注而哭泣，成人都要能识别他的需求马上回应。婴儿也会通过微笑来表达自己的需求得到了满足。

4. 通过游戏和喂食来增强发音器官的运动

婴儿需要通过舌、唇、腭的运动才能说话，所以照护者可以通过游戏和喂食来增强婴儿吸、舔、吹和咬等动作的发展。

5. 单音节和连续音节模仿练习

在这一时期，婴儿是从模仿中学习，会对所接触的物品名称、例行活动和事情不断重复述说。照护者可以夸张地用高低不一的音调，再配合动作、手势来说话。

（二）9~12个月婴儿说话活动的内容与指导

9~12个月婴儿说话活动以动作表达和模仿发音训练为主。

1. 训练动作表达、指物或做手势

训练婴儿用动作表达、指向物体，或用手势表示“要”或“不要”。给婴儿一个良好的示范让他模仿。对婴儿说话要慢而清楚，并且用动作、表情和手势辅助，帮助婴儿了解和学习正确的发音。

2. 训练模仿发单字音和动物叫声

当婴儿能够说出具有意义的字时，才算是会说话。婴儿了解了一个字的意思之后得等一段时间，才能说出那个音来，因此要不断重复地运用图片、动作等来示范每一个字的意思。

（三）13~18个月幼儿说话活动的内容与指导

13~18个月幼儿说话活动以单词句及名词、动词训练为主。

1. 训练用单词表达需求

幼儿在这个阶段变得愈加灵活，会叫爸爸、妈妈。对他来说，“妈妈”可以代表很多事，包括“妈妈，我要喝水”。一旦妈妈明白其意思，就会说：“妈妈帮你倒水。”然后再强调“水”这个词。不久，他便会说：“妈妈，水。”

2. 训练使用表示各种动作的词

照护者结合具体的动作，说出表示动作的词，然后引导幼儿说出这个词。例如，家长打桌子一下，说：“我打桌子，打。”然后引导幼儿理解“打”这个词。

3. 向幼儿介绍常见事物的名称

向幼儿介绍各种常见事物的名称，如食物、玩具、动物等的名称以及五官的名称。可以在生活中为幼儿介绍常见事物的名称，也可以为幼儿读一些书，一遍遍重复念那些他最喜欢的部分和其中的名词。

4. 让幼儿认知各种不同的声音

像动物、车子和音乐发出的声音。照护者可为他指出各种声音的来源：门“唧唧”地响，水龙头滴水的“滴滴”声，纸张则是“沙沙”作响。

5. 利用各种机会让幼儿学数数

图3-1就是利用幼儿上下楼梯的机会，让幼儿练习数台阶。

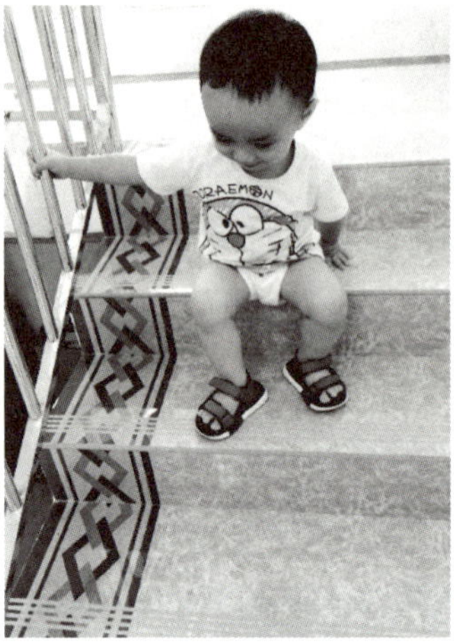

图3-1　幼儿在数台阶

（四）19~24个月幼儿说话活动的内容与指导

19~24个月幼儿说话活动以双词句及形容词、代词训练为主。

1. 双词句训练

让幼儿多记、多练，并结合一定的情境，在游戏的氛围中让幼儿学习语言。如为幼儿准备一个布娃娃、小床、小被子、小枕头，和幼儿一起玩娃娃，给布娃娃喂饭、穿衣服、洗澡，让娃娃睡觉。在玩娃娃的过程中，让幼儿学说“娃娃抱”“娃娃吃饭”“娃娃洗澡”“娃娃睡觉”等，反复进行。

2. 形容词训练

如“好的”“坏的”“不错的”“脏的”“热的”“冷的”，同时也可配合名词一起说，如“冷牛奶”“脏衣服”“好狗狗”。尤其是在描述食物、人物和玩具时，可以引导幼儿多使用形容词，因为这些都是幼儿生活中常接触的感兴趣的主题。

3. 代词训练

主要训练幼儿理解和掌握一些简单的疑问代词、指示代词和人称代词，如“你”“我”“他”“这”“那”“这里”“那里”“谁”“什么”“哪里”等。照护者结合具体的情境用代词提问，让幼儿用代词回答。例如，照护者指某物问：“这是什么呀？”幼儿回答：“这是××。”

（五）25~36个月幼儿说话活动的内容与指导

25~36个月幼儿说话活动以完整句、复合句及介词、副词、量词、连词训练为主。

1.“主+谓+宾”句式训练

“主+谓+宾”的句子，是最基本的陈述句，训练幼儿理解和掌握这种句式，是培养幼儿说出完整句子的基础。例如，家长说：“妈妈看书。”然后引导幼儿说出“爸爸看书”的句子。

2.“主+谓+宾+宾”句式训练

“主+谓+宾+宾”句式含有两个宾语，这样的句子能表达更丰富的内容，或把事物描述得更为具体。例如，妈妈说：“妈妈给你面包。”然后指导幼儿说出“某人给某人某物”的句子。

3.情境对话训练

让幼儿描述所处的情境，训练幼儿根据情境理解成人的语言，并回答成人的问题，从而发展婴儿初步的感受情境并表达情境内容的能力。也可以重复说一些他最爱的故事，如此可以帮助他厘清对周边世界的感觉。可以读一些情节复杂一点的故事给他听，并逐步加入新字，在平时说话时不断地重复使用这些词，以帮助幼儿了解其意思。

4.鼓励幼儿多与同伴交流

幼儿和同龄人谈话的时间比和成人谈话的时间长，因此应让他和其他幼儿多接触，以帮助他的语言能力正常发展。

三、0~3岁婴幼儿说话活动的组织

婴幼儿说话活动的组织基本从以下4个步骤来开展：

（一）第一步：教师示范，婴幼儿初步感知

教师首先要让家长清楚活动的目的以及帮助婴幼儿了解本次活动的学习内容。如教师可以向家长介绍本次活动所要认识的名词是什么，为什么需要开展名词认识和表达活动。然后示范活动的玩法，让婴幼儿、家长直观地了解游戏玩法。如在名词表达活动中，教师可出示物品或图片，说：“这是什么？哦！这是××。”告知婴幼儿物品的名称。

（二）第二步：引导婴幼儿模仿练习

在婴幼儿初步感知后，教师可与婴幼儿进行互动游戏，引导婴幼儿模仿练习。如在儿歌活动“草地歌”中，教师通过儿歌表演导入活动后，用夸张的语调和动作来激发婴幼儿游戏的兴趣，引导婴幼儿学摸草地、摸天空等动作，让婴幼儿理解“摸”“草地”“天空”等词。

（三）第三步：教师指导家长和婴幼儿一对一练习

0~3岁的婴幼儿个体差异大，即使同一月龄段的婴幼儿，语言表达能力相差也会比较大。指导家长和婴幼儿一对一练习，照顾婴幼儿的个体差异，也能让家长掌握引导婴幼儿练习口语表达的方法，有利于家长在家庭中开展亲子游戏。

（四）第四步：总结讲评活动中的表现和问题

此环节可从以下几方面总结讲评：总结此次活动开展的目的，阐释婴幼儿语言发展的特点；讲评家长行为，促进其完善及巩固；介绍在家庭中开展语言游戏的方法，鼓励家长在家庭中开展相应的语言游戏。

四、0~3岁婴幼儿说话活动案例

1.7~9个月婴儿说话活动案例

活动名称	和小动物们聊聊天
适合月龄段	7~9个月
发展目标	1. 练习“咿咿呀呀”的发声。 2. 倾听母语的语言结构。
材料	2~3个动物玩具。
准备	选一块能一直照看的地方，清理干净，摆好玩具。
指导策略	1. 如果婴儿还不会爬就把他抱到地毯上，如果会爬了就鼓励他自己爬过去，可以举着玩具对他说：“罗比，来拿小猪猪，它想玩游戏。”“这是你最喜欢的玩具，它是个小狗狗。” 2. 观察婴儿如何探索玩具，如何与玩具互动。 3. 对婴儿自发的“咿呀”声音给予鼓励，比如说：“罗比，你在跟小熊说话呀！”“跟小猪多聊聊吧。”

2.10~12个月婴儿说话活动案例

活动名称	吃什么
适合月龄段	10~12个月
发展目标	1. 用单词表达需要。 2. 用手势互动。
材料	盛着点心的小碟子、果汁。
准备	准备好点心，给婴儿洗手。
指导策略	1. 端出点心。 2. 婴儿吃点心的时候，仔细观察。 3. 如果婴儿发出声音或是用手势表示还想要吃时，给予他回应：“罗比，你想要什么？” 4. 鼓励婴儿用语言回应，比如说：“告诉我你想要什么。” 5. 鼓励婴儿说出“饼干”或“果汁”。

3.13~18个月幼儿说话活动案例

活动名称	这是谁
适合月龄段	13~18个月
发展目标	1. 口头辨认家庭成员。 2. 从照片中认出自己时表达兴奋情绪。
材料	家庭成员照片。
准备	收集家庭成员的照片，放进一本相册中。
指导策略	1. 引导幼儿翻开相册。 2. 向幼儿提出有关照片的问题："罗比，照片里有谁？" 3. 鼓励幼儿开口用单词回答问题。 4. 正面鼓励幼儿，可以让幼儿多讲讲有关照片的事情，比如说："抱抱是你的姐姐，她在照片里干什么呢？" 5. 描述幼儿对相册的反应，可以说："这是你，罗比。罗比在照片里看到自己就很开心。""你笑了，你喜欢这本相册吗？" 6. 陪幼儿把相册从头到尾再翻一遍。

4.19~24个月幼儿说话活动案例

活动名称	水果大聚会
适合月龄段	19~24个月
发展目标	1. 说出水果名词及"切""吃"等动词。 2. 比较水果，讨论水果的味道，尽量用形容词说出味道。
材料	新鲜水果，比如香蕉、苹果、橘子和葡萄。
准备	洗净水果，把它们和其他材料一起放在托盘上，把托盘放在桌上。教育幼儿吃东西前要洗手。
指导策略	1. 介绍这个活动说："今天，老师准备了一个水果派对，我们来品尝一下吧。""等我切完了水果，大家就可以尝尝了。" 2. 拿起一片水果，鼓励幼儿猜一猜是哪种水果，说："这种水果叫什么名字？" 3. 将水果切片，然后分给幼儿。鼓励每一个幼儿尝遍每一种水果。如"罗比吃苹果""西西吃香蕉"等等。 4. 教师引导幼儿用形容词说出每种水果的味道。例如，教师品尝橘子，如果味道是酸的，就可以在尝了橘子之后，做出感觉到"酸"的表情，并说出"酸"字。

5.25~36个月幼儿说话活动案例

活动名称	谁的玩具
适合月龄段	25~36个月
发展目标	1.会说“谁”“谁的”，并能正确使用。 2.会说“哪一个”，能用“我”或“我的”回答。
材料	每个幼儿在家最喜欢的玩具(自带)、苹果3个、洋娃娃1个。
准备	1.教师课前收集家长们从家里带来的幼儿最喜欢的玩具，并统一装进跳袋中。 2.收集幼儿与家长的照片，然后插入到幻灯片中。
指导策略	1.《排排坐》。 (1)教师示范：助教老师协助主教老师，主教老师念儿歌。 “排排坐，吃果果。”(和助教老师交叉对拍手4次) “你一个，她一个。”(将苹果递一个给助教老师，一个放在洋娃娃前面) “还有一个留给我。”(最后一个放在自己身边) (2)家长念《排排坐》儿歌。鼓励幼儿念儿歌分苹果。 2.“我的”。 (1)请每个幼儿依次参与游戏。从跳袋中拿出一个玩具，教师对幼儿提出下列问题：“谁的玩具?” (2)引导幼儿用“我的××”来表达。例如，用手指着说：“这个小熊是我的。”“这顶帽子是我的。” (3)引导幼儿一边说：“把那件东西给我。”一边互相传递物品。 (4)幼儿说话时，要仔细听他说的内容。当他使用了“我”“我的”时，要表扬他。 (5)给幼儿做示范时，为了引起幼儿的注意，请强调说“我”“我的”。 3.找一找。 教师采集幼儿与家长的照片，然后插入到幻灯片中。教师问：“这是谁?”引导幼儿回答：“这是我。”教师引导幼儿说出“我”和“我的”。比如：“这是我。”“这是我的妈妈。”

本章回顾

本章我们首先学习了0~3岁婴幼儿说的生理机制。婴幼儿学习语音的过程是渐进的，从生理上来说，随着发音器官的发育成熟，婴幼儿的发音会出现从单一到复杂，从模糊到清晰的过程。而大脑中的布罗卡区是运动性语言中枢，主要功能是编制发音程序，使说话成为可能。在第二节中，主要介绍了说话活动的定义、开展说话活动的意义以及0~3岁婴幼儿说话活动的发展。最后一节中，主要介绍0~3岁婴幼儿说话活动设计与指导，包括0~3岁婴幼儿说话活动设计与指导的基本要求以及0~3岁婴幼儿说话活动的内容与指导、组织、案例等内容。

思考与练习

思考与练习
参考答案

简答题

1. 设计婴幼儿说话活动有哪些基本步骤？

2. 根据本章提供的活动案例，找一找案例中哪些问题是引发婴幼儿说话动机的。

实操训练

1. 生活中还有哪些素材可以作为幼儿学习象声词的练习材料？请你为1~2岁幼儿设计一个练习活动方案。

2. 生活中还有哪些素材可以作为幼儿学习完整句的练习材料？请你为2~3岁幼儿设计一个练习活动方案。

推荐阅读

1. 五味太郎原作、黄帆译，“语言表达第一课”系列，贵州人民出版社2020年出版。

2. 韩礼德. 婴幼儿的语言[M]. 高彦梅，等，译. 北京：北京大学出版社，2015.

3. 温迪·玛斯，罗尼·科恩·莱德曼. 美国金宝贝早教婴幼儿游戏[M]. 栾晓森，史凯，译. 北京：北京科学技术出版社，2016.

第四章

婴幼儿读的活动设计与指导

刚出生的婴幼儿他们看到的世界是怎样的？他们能阅读吗？会阅读吗？他们的阅读行为能被成人识别出来吗？成人怎样理解婴幼儿读的活动呢？成人又该如何指导婴幼儿开展阅读活动？带着这些问题，我们一起进入第四章的学习。

学习目标

1. 了解胎儿时期和0~3岁婴幼儿时期视觉功能的发育。

2. 掌握0~3岁婴幼儿阅读养成的基本原则、阅读行为表现与指导方法。

3. 懂得如何给0~3岁的婴幼儿选择图书，掌握0~3岁婴幼儿阅读指导策略，并能依据视觉功能发育、阅读行为阶段特点等来设计与组织0~3岁婴幼儿的阅读活动。

学习重难点

学习重点：0~3岁婴幼儿视觉功能发育、婴幼儿阅读行为表现和指导方法、阅读活动的设计与组织。

学习难点：0~3岁婴幼儿阅读活动的设计与组织。

思维导图

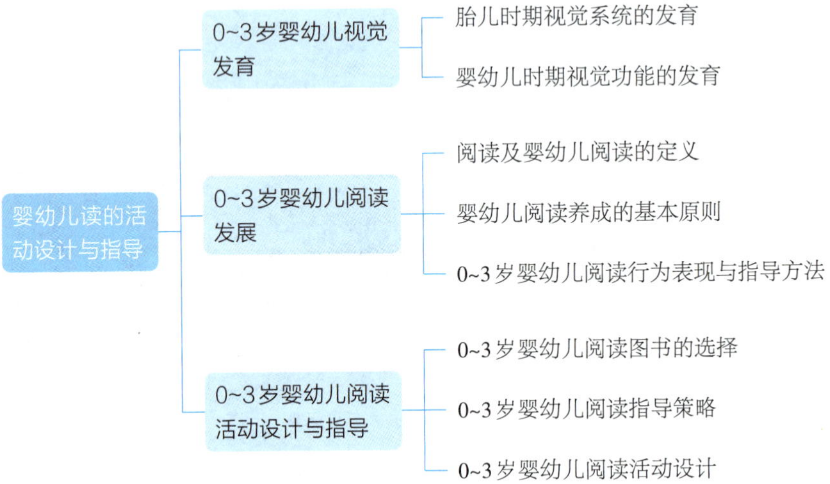

第一节

0~3岁婴幼儿视觉发育

依依快3个月了，现在对什么事情都非常好奇。房间里的灯她会盯着看半天，妈妈抱着她从电视旁走过，她都会转头去看电视，最喜欢爸爸妈妈抱着她在外面转悠。有几次妈妈抱着依依从外面回来，只要一进家门，依依就马上哇哇大哭。为此依依妈妈很疑惑，没明白小家伙为啥一回家就哭。

早期教育专业的你，能解释依依妈妈的疑惑吗，能给依依妈妈支着吗？

在人类感知外界的过程中，视觉是一种非常重要的感知能力。经研究，70%~80%以上的信息主要是通过视觉获得的。视觉感知可以使人了解外界正在发生的事情，并对事情进行跟踪，进而调整自身的行为，因此视觉系统是非常重要的感觉系统。但视觉系统的发育并不是一出生就成熟的，而是需要一个过程。

一、胎儿时期视觉系统的发育

视觉系统主要由眼睛构成。眼睛主要包括角膜、晶状体、虹膜和视网膜。眼睑和虹膜的功能是限制进入眼睛的光线，晶状体的功能是聚焦。

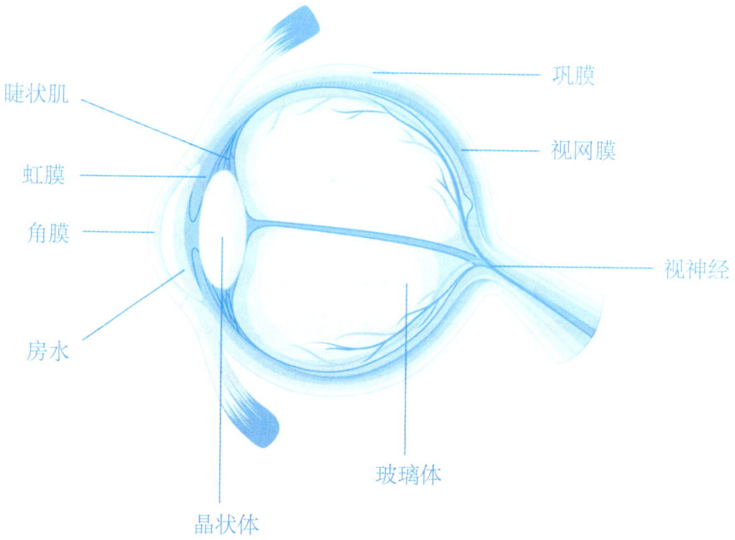

图4-1　眼睛生理构造图

在胎儿早期，眼睛已经是突出于大脑表面的一个结构了。到孕23~24周的时候，眼睛的主要结构已经形成，但此时胎儿的视觉系统仍是极不成熟的；到孕

25~28周时，胎儿虽然眼球发育不是很成熟，但是已经开始有视觉反应，是严重的近视眼；到孕30~34周时，胎儿的眼睛可以睁开，出现了比较缓慢的瞳孔反应，如果孕妈妈的肚子被强光直射，会引起胎儿眼睑的迅速闭合；到孕36周时，胎儿不再是近视眼，眼睛的屈光度接近为0。

二、婴幼儿时期视觉功能的发育

眼睛虽然在孕育期发育得比较早，但是婴幼儿出生后直至孩童时期，眼睛的生理发育一直在持续进行。通常要到6岁，儿童的视力才能达到正常水平(5.0)。

(一)0~1个月：模模糊糊的世界

新生儿的视敏度比较差，仅可以分辨出视线30厘米处3毫米宽的黑白相间的条纹，视野的范围也比较窄小，为30~45度，因此外界在新生儿的视野中就是模糊的一片。虽然新生儿的眼睛在生理解剖上是远视，但是实际表现出来是近视。这主要是由于新生儿的晶状体柔软富有弹性，容易被压缩，所以能看清楚的范围仅为20~30厘米。

(二)2~3个月：彩色世界初次呈现

婴儿的视敏度发育是非常迅速的。到了2个月或者稍早，婴儿已经可以获得比较清晰的图像，视觉跟踪能力也逐步从水平跟踪发展至垂直跟踪，颜色识别能力也得到发展，可以识别多种颜色，但更偏爱红色和黄色。这一时期，婴儿的视觉注意力也有了很大发展。6~8周时其能灵活地将目光聚焦到周边的刺激物，而到2个月的时候其目光已经能在两个人、两个物体或者两个图形之间来回转换，并表现出视觉偏好。同时，此时的婴儿开始关注自己的手。

(三)4~6个月：立体视觉初步发展

婴儿眼睛的运动功能和注视功能在4个月的时候已经发育得比较成熟，可以在水平、垂直和对角线等位置上跟踪物体，也能识别所有的颜色，同时还发展了其他视觉功能，包括立体视觉和图像深度感受能力，如感知物体的位置、大小、形状，开始理解三维物体。逐渐对其他婴儿的脸和自己的镜像感兴趣，能识别出熟悉的物体，如奶瓶等。进入了视觉优势发展阶段，开始有目的地用手抓物，手眼协调，手成为其“第二眼睛”，能根据视觉和感觉的反馈来调整自己的抓握行为。如6个月大的婴儿能轻松伸手去够或抓一个物体，当玩具掉下来的时候，还能用眼睛来寻找掉落的玩具。此时婴儿的视力保持在4.0~4.3。

(四)7~12个月：双眼视觉初步定位

7~12个月婴儿的视觉信息加工能力又向前进了一大步。婴儿对于眼前突然消失的玩具，会懂得寻找，也知道了玩具不在眼前也还是存在的，即物体的守恒；能顺着照护者的目光去注视照护者正在看的物体；能根据以往常听到的名称看向熟悉的人和物。例如，妈妈说："奶瓶在哪里呢？"婴儿会看向桌面上的奶瓶。同样婴儿也会采用类似的方式向熟悉的人求助，比如注视一个玩具，然后看向照护者，表示自己想要这个玩具或者寻求帮助。将近1岁时，大多婴儿都会爬或开始行走，婴儿的视野范围发展到了80~90度，能注意到更大范围的人和事。他们学会了判断距离的远近，会确立视觉目标，看到某个物体然后去接近它，在比较自由的活动中感受物体的大小、形状和位置。他们的视觉感知能力得到快速发展，学会了使用眼睛来指导和调整自身的活动。此时他们的视力保持在4.5左右。

（五）1~2岁：手眼协调过程中的视觉发育

在1岁的时候，幼儿的眼球在结构上已经发育完成。此时的幼儿喜欢接触新鲜事物，他们的视觉功能已经发育得比较成熟，手眼的协调能力也得到快速发展。幼儿的手帮助双眼视觉发展出准确的三维定位，深浅、远近等视觉空间能力和视觉辨识能力也得到大大提高。这使得幼儿能区别各种形状，能判断事物的远近，视线也能跟得上快速移动的物体，并且已经看得比较清楚。因此，书作为生活中的一件常用物品开始进入幼儿的视野。此时他们的视力保持在4.6~4.7。

（六）2~3岁：多感官参与的视觉发育

3岁左右，幼儿眼睛的控制和协调能力在所有水平方向上都发育得较成熟。此时，幼儿的视觉较为敏感，喜欢观察，会借助眼睛来引导手去接触新事物，手眼协调更灵活，立体视觉的建立已快完成，视力保持在4.7~4.8，接近成人水平。该阶段幼儿的触觉、听觉、精细动作、粗大动作等皆能相互配合，能把听到的语言和看到的图画、符号、标识等关联起来。

第二节

0~3岁婴幼儿阅读发展

妈妈抱着3个月大的可可在胸前，指着图画书里的小猫对可可说："这是什么呀，可可？这是小猫哦……"一旁的可可奶奶疑惑地问："这么小的婴儿能看得懂书吗？能听得懂你说的吗？会不会白费力气……"

几个月大的婴儿能看得懂书吗？虽然他们不会像成人一样看书，但是他们会"听"书哦，1岁以内的婴儿也是具有阅读能力的。那么0~3岁婴幼儿的阅读能力又是怎样的呢？

一、阅读及婴幼儿阅读的定义

“读”字在《当代汉语词典》中第一语义项是“看着文字发出声音”。①但0~3岁婴幼儿由于生理和心理的特殊性，还未能实现“看着文字发出声音”这种读的能力，因此，在本章中0~3岁婴幼儿阅读主要指的是婴幼儿把实物与图片以及视觉符号串联起来的过程。在阅读的过程中，活动实施的主体主要有早期教育机构的教师和家庭照护者，即爸爸妈妈、爷爷奶奶或者外公外婆等。阅读材料包括含有各类文字、图画、图形等信息符号的读物。

二、婴幼儿阅读养成的基本原则

（一）阅读启蒙从出生即可开始

阅读什么时候开始？很多家长都会有这样的疑惑。阅读从出生即可开始，越早越好。视觉系统从胎儿时期就已经开始发育。婴儿出生后就能看到20~30厘米远的事物，2个月就具备了图像识别和区分的能力，对特定的人和事物表现出一定的好奇心，出现了视觉偏好和听觉偏好。有研究表明出生12~21天的新生儿就已经具有了模仿成人表情和动作的能力，比如，妈妈面向婴儿伸舌头，婴儿会注意到妈妈的行为，并模仿妈妈的动作，做出伸舌头的动作。②以上的这些都表明了婴幼儿具备了一定的学习能力，为阅读启蒙奠定了物质基础。

（二）亲子共读，图画为媒介

婴幼儿在生理和心理上的特殊性，决定了其阅读的方式是以亲子共读为主，即照护者与婴幼儿共同参与，互助阅读。尚未识字或识字较少的婴幼儿进行阅读主要是通过成人串讲图画书、故事书、绘本、儿歌等来获得视觉和听觉上的满足。亲子共读，对婴幼儿来说不仅是认识世界的过程，更重要的是获得家长疼爱、重视的过程。家长与婴幼儿通过亲子共读，实现了情感的交流。

（三）培养阅读兴趣，做好阅读准备

婴幼儿阅读不是为了识字，而是为了培养阅读的兴趣。阅读兴趣既是婴幼儿阅读的出发点，也是婴幼儿阅读的最终目的。0~3岁婴幼儿处于生物性本能满足时期，处在自然人转为社会人的初期阶段。面对完全陌生的世界，他们渴望认识，渴望理解。阅读欲望很强烈，渴望阅读自己感兴趣的人和事，渴望阅读自己喜欢的儿歌、绘本，拒绝一切自己不感兴趣的东西。通过阅读，能帮助婴幼儿更好地了解这个世界，适应这个世界，同时使婴幼儿从阅读中生成新的兴趣与爱好，再从新的兴趣与爱好入手开始新的阅读，从而实现阅读的良性循环，建立良好的阅读习惯，养成良好的阅读兴趣。

---

①莫衡，等.当代汉语词典[M].上海：上海辞书出版社，2001:241.

②翟云.0~3岁婴幼儿早期阅读指导[M].上海：复旦大学出版社，2019:2.

三、0~3岁婴幼儿阅读行为表现与指导方法

（一）0~3岁婴幼儿阅读行为表现

1. 0~6个月：书的初体验

0~6个月的婴儿不能独自坐立，双手不能握图书，目光聚焦于书中内容的时间也很短，但这并不能否定婴幼儿阅读的可能性。0~6个月婴儿的视觉能力相对较弱，但是他们能觉察出细节简单、轮廓和明暗变化明显的事物。他们的听觉发育快，对妈妈声音特别敏感。因此，照护者可以选择尺寸较大、细节对比明显的图片，如黑白闪卡或彩色卡片、熟悉的物品图片等作为0~6个月婴儿视觉阅读的内容，帮助婴儿建立阅读的兴趣。

2. 6个月到1岁：把书当作玩具

6个月以后的婴儿能够坐起来了，他们的手眼协调能力得到进一步发展，手成为"第二眼睛"。他们采用触摸、抓握、轻拍、推拉、摇晃、旋转、摔打、啃咬等方式探索周围的世界。因此，对这一时期的婴儿来说，书只是个玩具，他们还不能认识到书的阅读价值，仅仅是把书当作玩具，把阅读当作游戏。因此，他们看到书的第一反应是放到嘴巴咬或拿到手上撕扯。这一时期，婴儿典型的阅读行为表现有[①]：

（1）伸手抓取图书，会把书放在嘴里啃咬，或者挥摆。

（2）目光能够聚焦于书上的图画，会搜索图画上自己熟悉的物体或细节，并会用手指着该物体，露出喜悦的表情。

（3）与成人进行共读活动，在听成人念书的过程中，会用肢体动作表达自己的意愿，如轻拍图书，帮助翻页，或者用推开书、合上书，站起来离开等动作来终止成人的阅读行为。

（4）阅读专注的时间很短。

3. 1~2岁：操作式阅读

1~2岁的幼儿处于感知运动阶段，手的熟练程度和手眼协调能力相比1岁前又得到了更进一步的发展，开始有穿洞、翻书、倒豆子、拉抽屉、搭积木等精细动作。对手的各种摸索成为这一时期幼儿与世界互动的方式，因此他们喜欢用手搬书、翻书，甚至撕书，"操作"是他们阅读的独特方式。为满足这个阶段幼儿的阅读特点，市面上出现了很多操作书、玩具书、机关书、寻宝书、立体书、点数书、发声书等。这一时期，幼儿典型的阅读行为表现有[②]：

（1）能够分清书的正和倒，会正着拿书。

（2）在逐渐熟悉了书的内容之后会表现出对喜欢的书的偏爱，并拿出书要求成人给自己读。

---

①王玉.0—3岁婴幼儿的阅读特点与阅读指导[J].中华女子学院学报,2008(4):90-94.

②王玉.0—3岁婴幼儿的阅读特点与阅读指导[J].中华女子学院学报,2008(4):90-94.

(3)搬书的乐趣胜过阅读的乐趣。他们会将书从书架上抽出来,一本一本地随意翻动,或者把书搬到某个地方。

(4)在还不了解书的功能以及手部精细动作发展不够完善之前,喜欢撕书;能够翻动硬板书的书页,喜欢操作交互式图书中一些特别设计的"机关"。

(5)出现了假装阅读的现象,他们会给自己的玩具读故事。这个时期,幼儿会学着成人阅读的样子给玩具读书,往往是翻到哪里就读哪里,使用的语言也较为简单。虽然他们读出的内容还不完整,但是他们已经明白了阅读的对象性。

(6)阅读的范围开始从书向现实扩展。比如,在书中学到了数字后,也会在现实中寻找数字。

(7)喜欢阅读有节奏和韵律的儿歌与诗。

4. 2~3岁:热衷于重复阅读

2~3岁幼儿在动作方面,能够熟练地用手操作或者把握自己熟悉的事物;在语言方面,口头语言获得了飞速发展;在注意力方面,以无意注意为主,有意注意开始萌芽,有意注意能保持3~5分钟。这一阶段的幼儿已经明白书的功能,即书不是玩具,而是用来作阅读之用,其撕书、咬书、搬书的行为逐渐消失,开始关注书上的图画和文字,关注阅读本身。幼儿经常会选择自己喜欢的书拿给成人阅读,以体验阅读带来的乐趣。这一时期幼儿典型的阅读行为表现有①:

(1)可以自己翻动纸张书的书页。逐渐了解从前往后的阅读顺序,对于书的构成也有了初步的概念。

(2)更加喜欢背诵有韵律和节奏的儿歌与诗,听过的故事能够背出整个句子,甚至整个故事。

(3)喜欢重复阅读同一个故事,喜欢具有重复性情节的故事。

(4)对周围所有的事情都充满了兴趣,他们想认识每一样东西、每一个人、每一个事件。相应的,他们喜欢阅读一些解释事物概念的书。

(5)随着独立性和自主性的增强,幼儿的生活能力更强了,生活范围也在扩大。因此,特别喜欢阅读一些与生活经验相关的书籍。

(6)发展出幽默感。这种幽默是以一种简单的替代性幽默开始的。因此,幼儿喜欢阅读一些荒诞和幽默的故事或者童谣,用图画表现的荒诞内容也能引起他们发笑。

(7)开始了涂鸦行为。这是幼儿书写萌发的标志。

(二)婴幼儿阅读指导常用方法

根据0~3岁婴幼儿身心发展特点,早教机构教师和照护者在开展阅读活动时,可以根据实际情况采用多样的方法提高婴幼儿阅读的兴趣,以确保婴幼儿

---

①王玉.0—3岁婴幼儿的阅读特点与阅读指导[J].中华女子学院学报,2008(4):90-94.

能持续参与到阅读活动中，从而培养婴幼儿阅读的专注力。下面介绍6种常用的婴幼儿阅读方法①。

1. 儿歌吟唱法

儿歌吟唱法，是指教师或者家长结合图片或绘本等吟唱儿歌的阅读方法。儿歌可以是图片或图画书本身配有的，也可以是根据情境自编的，关键是读出儿歌的韵味，使婴幼儿感知语言的韵律美。该方法比较适合小月龄的婴幼儿。例如，家长在哄婴儿睡觉时，经常会吟诵摇篮曲：睡吧，睡吧，我的小宝贝……

2. 点读识认法

点读识认法，是指在婴幼儿阅读时，教师或家长借助图书中的画面及有关文字材料，引导婴幼儿在指认、说话的过程中认识和学习新事物。点读识认法没有年龄、场地、时间的限制，随时随地都可开展。比如，家长吃完午餐后和婴幼儿坐在沙发上，拿起各种物品的图片有目的地引导婴幼儿："宝宝，你看看这是什么呀？这是围嘴，吃饭的时候挂在脖子上的围嘴……"

3. 朗读感受法

朗读感受法，是指成人在与婴幼儿共读中，将静止的画面、无声的文字转化为有声的语言，通过诵读的方式帮助婴幼儿感受和欣赏图书的阅读方法。一般可以采用生动的语言和夸张的动作帮助婴幼儿理解画面内容，提高阅读的兴趣。比如，朗诵诗歌《鹅》：鹅，鹅，鹅，曲项向天歌，白毛浮绿水，红掌拨清波，这时就可以用手做鹅颈弯曲的姿势，后双手摆动表示鹅的红掌在划水等。明亮欢快的音调配合手势，让婴幼儿在成人朗诵的过程中理解《鹅》这首诗歌所表现的生动情境。

4. 讲做结合法

讲做结合法，是教师或者家长与婴幼儿一起动手做图画书中的手工，或将听过的故事用图画、剪贴、泥工等方式表达出来的阅读方法。这种方法适合于小肌肉精细动作正在发展的婴幼儿。借助绘画、手工等方法，使婴幼儿的思维有一个形象的载体，让婴幼儿在说说做做中增强动手能力，将阅读动态化、多元化。

5. 故事表演法

故事表演法，是指教师或家长与婴幼儿一起以作品中的人物、情节和场景为基础，扮演不同的角色，通过对话、动作、表情等来再现作品内容的阅读方法。此方法适合于2岁或者2岁半以上的幼儿，幼儿要有理解故事内容和再现故事情节的初步能力。

6. 谈话交流法

谈话交流法，是指教师或家长在阅读中，主动与婴幼儿交流对作品的理解

---

①季燕，陈梦珠. 0~3岁婴幼儿家庭亲子阅读指导策略个案研究[J]. 教育导刊(下半月)，2011(10)：87-91.

和看法,给婴幼儿思考和发挥想象力的空间,鼓励婴幼儿大胆用语言表达自己的设想,提高婴幼儿运用创造性语言的能力。

第三节

0~3岁婴幼儿阅读活动设计与指导

快3岁的龙龙最近迷上了《鸭子骑车记》。开始妈妈耐心地讲了一遍又一遍,都快不下10遍了,但每晚他还是要妈妈讲这个故事。妈妈想试图引导他换个故事,拿出来一本《变色鸟》。可是龙龙不喜欢,非常不配合,一会儿要去上厕所,一会儿要去喝水,一会儿要去找东西。总之,不是他爱的故事情节,他就不愿坐下静静地听。

如果你是龙龙的妈妈,你应该怎么做?

一、0~3岁婴幼儿阅读图书的选择

(一)根据婴幼儿的年龄特点来选择图书

0~3岁婴幼儿的年龄跨度比较大,视觉发育、生理发育与认知发育等有明显的年龄阶段性。因此,给0~3岁婴幼儿选择图书一定要考虑婴幼儿的年龄特点。

0~3个月的婴儿对鲜艳的色彩、强烈的黑白对比感兴趣,因此选择颜色亮丽、纯净,图画简单或是黑白分明的图画书比较适宜。

4~6个月的婴儿喜欢用手、脚、嘴巴等来探索世界,喜欢用手撕东西或用嘴巴咬,因此选择布制的或者卫生、安全、无毒材质制成的书为宜。

7~9个月的婴儿手眼协调能力有了一定的发展,手指已能灵活地运动,因此学会了翻书。此时要选择类似硬纸板制成的图画书,便于婴儿翻阅,且画面要形象、真实、清晰、醒目。

10~12个月的婴儿已经有了比较好的视觉记忆,可以识记简单的事物,基本能理解书中简单的内容,因此要选择故事简单、画面简洁的图画书讲述给婴儿。

2岁的幼儿能掌握物体的轮廓,能够分辨出不同的形状,还能分清人物的表情。这一时期是幼儿学习词汇的重要时期,因此选择与幼儿日常生活有关的、熟悉的故事内容,图书的画面要清晰、明朗,人物、动物等造型大而简单,便于幼儿识别。

3岁的幼儿已经有了一定的空间理解能力,能够感知书中物体的大小,会认真留意书中内容,对细节也非常感兴趣。因此,要选择与幼儿日常生活有关的主题,图书画面要丰富,动作、细节要变化多样,以引起幼儿的探究欲望。

（二）根据婴幼儿的兴趣喜好来选择图书

随着社会和家长越来越认识到早期阅读对婴幼儿一生的重要影响，图书市场里各种各样的幼儿书层出不穷。因此在给婴幼儿选择图书时，需要根据婴幼儿的兴趣和喜好来选择，图书内容要符合婴幼儿的心理特点。具有一定操作功能的、简单互动的、拟人化的、趣味性比较强的图书是婴幼儿共同喜欢的。同时每个婴幼儿又有自己独特的个性和特点，因此感兴趣的点也会不一样，喜欢的图书类型也有可能不一样。一般而言，婴幼儿会表现出一定的性别角色偏好，诸如男孩子一般比较偏爱工程车、恐龙等主题的图书，女孩子比较喜欢娃娃、公主系列的图书。再者，家长在选择图书的时候可以多和婴幼儿沟通交流，留心婴幼儿的兴趣爱好，以便买到婴幼儿喜欢的图书。

（三）根据出版社、作者知名度或所获得奖项来选择图书

一般而言，比较知名的品牌出版社，在选择作者、编校、印刷等环节都比较负责任，出版的图书质量也比较高。当家长们实在是不知如何给婴幼儿选择图书时，可以选择知名度比较高的出版社和作者的图书。当然选择获得著名大奖的图书也是不错的，如著名的绘本大奖有：凯迪克大奖、国际安徒生大奖、英国凯特·格林威大奖、纽伯瑞儿童文学奖、苏斯博士奖、博洛尼亚国际童书展最佳童书奖、布拉迪斯国际插画双年展大奖、林格伦文学奖、英国卡内基文学奖、德国绘本大奖、丰子恺儿童图画书奖、信谊图画书奖等。

二、0~3岁婴幼儿阅读指导策略

在阅读实践活动中，婴幼儿最初的阅读都是跟随着自己的心意去看书。这种“看”是婴幼儿初期的阅读方式，他们会表现出拍书、咬书、撕书的行为，把书当作玩具，甚至出现假装性的阅读行为。但随着年龄的增长，婴幼儿逐渐从无意阅读发展到有意阅读。在这个发展过程中，有几个阅读的建议分享给教师和家长。

（一）营造良好的阅读环境和氛围

给婴幼儿营造良好的阅读环境和氛围。提供给婴幼儿一个比较安静、温馨的环境，最起码得坐得舒服，婴幼儿可以坐在沙发上、摇椅上，或者直接坐在地板上，后背靠着墙也是可以的。对于年龄比较小的婴幼儿，可以直接抱在腿上，或者几个婴幼儿亲密地围坐在一起，也是很有阅读氛围的。

（二）熟读图书，了解和挖掘图书真正的意义和价值

无论教师或者家长在与婴幼儿一起共读之前，都需要先熟悉图书的内容，了解即将开展阅读的这本书的作者真正想表达的意图或阐明的道理。只有自己先对文本有正确、深入的解读，才能有效地指导婴幼儿，才能根据婴幼儿的阅读情况、兴趣爱好等有选择地阅读内容，或者改编图书的部分情节，或者对文本

进行意义延伸等。比如,《大卫,不可以》绘本中妈妈形象的留白说明了什么,对婴幼儿意味着什么,封面、扉页、封底等要素对解读文本有何意义等一系列问题。

(三)尊重婴幼儿阅读的主体性,采用多元方法阅读

0~3岁婴幼儿阅读主要是通过亲子共读或教师伴随阅读来开展,但是这并不意味着阅读的主体是成人。在阅读的过程中,要尊重婴幼儿阅读的主体性,读故事的时候要慢慢地,给婴幼儿充足的时间观察、欣赏插图。在阅读中可以向婴幼儿提问,让他们参与谈话,也可以暂停下来,鼓励婴幼儿与成人一起大声朗诵。鼓励婴幼儿翻页,不用担心婴幼儿会跳过几页,因为很可能后面还会重读这本书,所以可以在下次补充这次遗漏的部分。鼓励年龄大一点的婴幼儿读故事给成人听。婴幼儿阅读时间的长短根据婴幼儿的兴趣,不要强迫婴幼儿读一本完整的图书,这样只会消磨他们对图书的热爱。在共读或伴读时,声音、表情、动作等要明亮、欢快、形象,让婴幼儿感受到你对这本书的热情。只有成人乐在其中,才能带动婴幼儿热爱图书,爱上阅读。

三、0~3岁婴幼儿阅读活动设计

(一)0~6个月婴儿阅读活动设计案例

0~6个月的婴儿在视觉发育方面,其眼睛能跟着物体移动,喜欢看大的、鲜艳的图案以及大圆点、水平条纹、人脸等,喜欢抓握触手可及的物品。因此,可以在婴儿可触及的范围内悬挂或者摆放玩具,向婴儿展示对比明显的视觉刺激物,如用黑白卡片、三原色卡片等刺激婴儿视觉的发育。这一阶段的婴儿进行阅读的主要目的是刺激和促进视觉发育,为后续的阅读奠定物质基础。

案例

阅读常见物品彩色卡

活动目标:认识生活中的日常物品。

活动准备:5张日常生活用品的彩色卡,即奶瓶、围嘴、勺子、铃鼓、尿不湿彩色卡。

活动指导:抱着婴儿在胸前,将彩色卡放在一边,再一张一张地拿到离婴儿30厘米左右的视线范围内,轻声柔和地向婴儿解说:“宝宝,这是你喝奶奶的奶瓶哦。这是围嘴,这是小勺子,这是可以敲出响声的铃鼓,这是宝宝穿的尿不湿。”

活动建议:也可以选择其他婴儿日常见的物品卡片替换以上5种。在和婴儿讲解的过程语速要缓慢,给婴幼儿关注的时间,同时要关注婴儿是否有目光的注视。也可以轻轻平移卡片,检验婴儿是否有追踪能力。卡片之间的替换不宜太快,一般7~10秒为宜。

案例

阅读大自然

活动目标：能将外界风景、人物、事情等与口头语言对应起来。

活动准备：公园一角，小区一角或者安全的马路边上。

活动指导：选择一个合适的位置坐下，抱着婴儿，坐在腿上，婴儿和成人面朝同一个方向。和婴儿聊聊周围的环境，或者看比较有趣的人和事物。说话的时候尽可能地使用描述性词语，比如："可可，你看湖面上飘着一只红色的小船呢！"关注婴儿的反应，无论婴儿发出任何声音或者做出任何动作，都给予强调："对，那只小船向我们划过来啦……"这样能够鼓励婴儿参与到"阅读"中。

活动建议：阅读大自然是0~6个月婴儿视觉发育的需要。大自然的一草一物、一人一事都吸引着婴儿，可以定期到不同的地方开展类似的活动。同时为了吸引婴儿的注意，说话的时候脸要离婴儿近一些，说话的音调要高，有节奏，语句简单，语速缓慢，发音清晰，让婴儿能清楚听到每个词语。

（二）6~12个月婴儿阅读活动设计案例

6个月后的婴儿能独立坐稳，坐时会向前取物，手眼协调能力得到一定发展，学习精细动作，能用大拇指和其他手指拿起东西，能找到藏起来的物品，能故意将玩具掉下然后看玩具掉落的方向，有比较强的记忆力，能根据外观辨别物体。这一阶段可以采用点读识认法、儿歌吟唱法等方法进行婴儿的阅读启蒙活动。

案例

操作翻翻书《亲爱的动物园》(*Dear Zoo*)

活动目标：尝试用手翻阅图书，感受翻阅过程带来的快乐，激发探索欲。

活动准备：翻翻书《亲爱的动物园》一本；舒适的空间、坐垫均可。

活动指导：抱着婴儿坐下，拿出翻翻书。模拟狮子的声音，引起婴儿的注意。将目光聚焦到封面，关注婴儿的表情。适时用手指轻轻翻开页面，打开"笼子"，并用非常吃惊的表情和激动的声音表达："原来是狮子啊，嗷嗷嗷……"接着采用类似的方法引导婴儿主动去翻阅，尝试模拟动物的声音，发现翻页下藏着的动物。

活动建议：翻翻书页面均有小线索，有的镂空了部分遮挡，有的全部遮完。在阅读过程中模拟动物的声音，增加阅读的趣味性，鼓励婴儿猜测翻页下到底是什么动物，激发婴儿的探索欲，刺激婴儿手部肌肉的发育，有效锻炼婴儿精细动作的发展。如果在阅读过程中，婴儿失去兴趣，也不必强求将整本书翻完，可挑选婴儿比较熟悉的动物进行猜测和翻页。另外，富有余力的家长或者早教教师可以按照翻翻书的画面，动手制作每个动物的盒子，并将仿真动物模型放入盒子里，让婴儿在阅读的过程中直接打开盒子，取出“动物”，使阅读更具有情境性，婴儿更加感兴趣。

案例

尝试“看书”①

活动目标：能自己翻页“读”书；能参与话题的转化。

活动准备：2~3本图案简单的硬卡纸书，一个使婴儿注意力不容易分散的铺着地垫的地方。

活动指导：把书微微打开，立在地垫上，观察婴儿怎样与书互动。根据婴儿互动情况，询问婴儿要不要读书给他听。例如：“可可，我们一起来看这本书，好吗?”如果婴儿感兴趣，就开始看图讲故事；如果婴儿没有表现出兴趣，就继续观察。每翻开一页，就用简单的语言描述下，中间的时候可以提问几个问题，引导婴儿进入阅读对话中，问完问题稍微停顿下，让婴儿有回应的时间。无论婴儿以什么声音或姿势回应，都给予正面激励，比如：“可可，这个是什么？对，这个是小猴子。小猴子在荡秋千。”

活动建议：6~12个月婴儿经常把书当作玩具，会出现嘴咬或者舔书的行为，应选择易清洗、易消毒的塑料书、布书、硬纸板书等，便于婴儿探索、翻阅。

（三）1~2岁幼儿阅读活动设计案例

1~2岁的幼儿学会了行走，粗大动作和精细动作都得到了发展，其“眼界”与“触界”扩大。这一时期的幼儿的学习能力和思维都在飞速发展，能在阅读或者游戏中根据要求辨别不同的物体，能进行模仿，能找出不在视线范围内的物品，能将行为和情绪联系起来，能记住简单的儿歌、诗词和故事，注意力的稳定性也有了较大发展。在这一阶段，成人应尽可能地引导幼儿阅读的注意力，在阅读中注意倾听幼儿的问题，给予幼儿积极、热情的回应，让幼儿有良好的初始阅读体验。

案例

朗诵儿歌《小白兔》

活动目标：体验和感受儿歌的韵律美，能用动作表现小白兔的基本形态。

活动准备：儿歌《小白兔》——小白兔白又白，两只耳朵竖起来，爱吃萝卜和青菜，蹦蹦跳跳真可爱；一小块铺着地垫的空间。

---

①朱迪·赫尔，特丽·斯文．美国早教创意课程(0—1岁)[M]．李颖妮，译．上海：华东师范大学出版社，2014：6.

活动指导：成人有节奏地念儿歌，念到“两只耳朵竖起来”时，两只手分别伸出一只手指放到头上做“竖起来”的动作，让幼儿跟着做同样的动作。念到“蹦蹦跳跳真可爱”时，双脚起跳，也让幼儿试着踮起脚或者双脚起跳。当幼儿熟悉儿歌以后，让幼儿将儿歌和动作配套起来。

活动建议：年龄小一点的幼儿，在模仿动作的时候需要成人的协助；对于年龄大一点的幼儿，成人可以鼓励其跟着儿歌自行创编动作。

案例

阅读《小波在哪里》

活动目标：愿意根据图画进行猜测，能从绘本迁移到现实，喜欢玩“小波在哪里”的游戏。

活动准备：一本绘本《小波在哪里》，一个小狗模型玩具或者小狗布偶，一个比较舒适宽敞的空间。

活动指导：请幼儿坐下，向幼儿简单介绍这本书：“我有一本小狗狗的书哦。小狗狗的名字叫小波，小波藏起来了，它藏在哪里了呢？我们一起去找一找吧！”开始阅读故事，一边翻阅一边询问幼儿：“小波藏在哪里了呢？”鼓励幼儿猜一猜，无论幼儿猜得是否正确，都给予鼓励和表扬。故事讲完后，拿出小狗模型玩具或者小狗布偶，和幼儿一起玩“小波在哪里”的游戏。请幼儿闭上眼睛，把“小波”藏在一个比较容易找到的地方，让幼儿去找。

活动建议：如果幼儿对游戏很感兴趣，可以多藏几处。藏物的地点要根据幼儿对事物的理解能力，对于年龄小一点的幼儿，可能要放到看得见的地方，对于年龄大一点的幼儿，可能需要增加藏的难度。

（四）2~3岁幼儿阅读活动设计案例

2~3岁的幼儿能一页页翻书，词汇量飞速增加，能达到300多个；能讲完整的句子，喜欢成人为其讲故事；阅读时能辨别指物，在数概念、空间概念、时间概念、相对概念等方面逐步发展；学会了用更精确的词与人沟通情绪；可以听篇幅较长、字数较多的图画书，能够开展部分图书的手工游戏，能简单地复述书中的故事。在这一阶段，可以采用讲做结合法、故事表演法、谈话交流法等方法与幼儿开展阅读，并在阅读过程中积极肯定他们的独立性。让幼儿自己翻书，表演书中的故事，努力把书中的情境通过表情、动作、对话、游戏等展示出来，以加深幼儿对阅读的记忆和理解。

案例

共读绘本《抱抱》

活动目标：能发现小猩猩的情绪变化；能根据画面说出故事内容；感受亲子阅读的乐趣。

活动准备：一本绘本《抱抱》；舒适的小空间，沙发、床铺均可。

活动指导：与幼儿紧挨着坐下，拿出绘本《抱抱》，提问幼儿："你看到了什么？"引导幼儿说出绘本的主题——"抱抱"。打开封面逐页讲解画面内容，讲到小猩猩失落的时候，可以引导幼儿观察小猩猩的表情变化，问问幼儿："小猩猩怎么了？为什么会伤心？"鼓励幼儿大胆表达自己的想法。翻到后面的画面时，也同样可以鼓励幼儿说出画面所表达的内容，引导幼儿持续注意，确保幼儿持续阅读的兴趣。

活动建议：绘本全文只有3个词语"抱抱""妈妈""宝宝"，但是画面很有感染力，幼儿一看就明白发生了什么。拥抱是亲子间最自然的爱的表达，在父母亲的怀抱里，孩子永远是最幸福和甜蜜的。这个故事看似简单，却十分贴近幼儿的生活经验，可以满足幼儿被爱、被拥抱的心理需求，并能引导幼儿学习表达内在的情绪感受。故事讲完之后，千万不要忘记给身边的幼儿一个大大的热情的拥抱哦。

案例

复述《大卫，不可以》

活动目标：能复述主要故事情节；锻炼口头语言表达。

活动准备：一本绘本《大卫，不可以》；幼儿已有阅读该绘本的前期经验，对绘本内容比较熟悉。

活动指导：把绘本放在幼儿容易看到的地方，询问幼儿要不要一起看书："可可，这是《大卫，不可以》哦，我们要不要一起看呢？"声音要缓慢，语气强调书名，吸引幼儿回想书中有趣的画面。如果幼儿很感兴趣，可以问问幼儿愿不愿意边看边讲述大卫发生了什么事。如果幼儿乐意，紧挨着幼儿坐下，陪伴幼儿一起阅读；如果幼儿不愿意，可以采用对话式的阅读方式引导幼儿描述，如大卫长什么模样？大卫在干什么？大卫有危险吗？大卫害怕吗？为什么？……以此来推进幼儿阅读，实现幼儿复述故事。

活动建议：当幼儿注意这本书的时候，先观察幼儿的行为，注意看幼儿拿书的方式：书本是否颠倒，是否一页一页地翻看并认真看插画。因为是复述故事，所以幼儿可能会在阅读中提出疑问，要给予幼儿积极的响应，幼儿停顿比较久的话，可以根据画面提醒幼儿。当幼儿复述完后，一定要给予幼儿表扬，感谢幼儿讲述了这个故事："哇，谢谢可可帮妈妈讲故事，你很棒哦，每一页都讲了，真会讲故事！"

本章回顾

本章我们先学习胎儿时期和婴幼儿时期视觉功能的发育，了解婴幼儿视觉功能的发育并不是一出生就成熟的，而是需要一个发展过程。在第二节中，主要学习婴幼儿阅读养成的基本原则：阅读启蒙从出生开始，以图画书为媒介，以亲子共读为主要方式来培养婴幼儿的阅读兴趣。接着学习0~3岁婴幼儿阅读行为表现与指导方法：6个月前的婴儿第一次体验书，6个月至1岁的婴儿把书当作玩具，1~2岁的幼儿喜欢操作式的阅读，2~3岁的幼儿热衷于重复阅读；指导阅读的常用方法有儿歌吟唱法、点读识认法、朗读感受法、讲做结合法、故事表演法、谈话交流法。最后一节主要介绍0~3岁婴幼儿阅读活动设计与指导，主要包括如何给婴幼儿选择图书、阅读活动的指导策略以及设计案例。

思考与练习

简答题

1. 0~3岁婴幼儿阅读活动的指导策略有哪些？

2. 露露最近刚生下了一个可爱的小公主，她很想给自己的小公主买些书来看，但是不知道买什么好。你能给她一些建议吗？

思考与练习
参考答案

实操训练

1. 请利用生活素材，为3个月的婴儿设计一个锻炼视觉发育的练习活动方案。

2. 请利用绘本，设计一个主要采用故事表演法指导2~3岁幼儿阅读的练习活动。

推荐阅读

1. 翟云. 0~3岁婴幼儿早期阅读指导[M]. 上海：复旦大学出版社，2019.

2. 朱迪·赫尔，特丽·斯文. 美国早教创意课程（0—1岁）[M]. 李颖妮，译. 上海：华东师范大学出版社，2013.

3. 王静，冉超. 0~3岁婴幼儿语言发展与教育[M]. 北京：北京师范大学出版社，2020.

第五章
婴幼儿亲子活动

早期婴幼儿语用能力是在交际互动中逐渐形成和获得的。国内外大量研究表明，父母教养行为和亲子互动模式对婴幼儿语言发展具有显著影响，并且这种影响比较全面。父母共同参与婴幼儿的活动，及时应答婴幼儿的话语，诱导其说话，并在其看书和看电视时做讲解，在睡前为婴幼儿讲有趣的故事等均有利于婴幼儿表达性词汇发展。0~3岁婴幼儿家庭中的亲子沟通和语言类亲子游戏将有利于婴幼儿语言发展。

学习目标

1.了解亲子沟通和语言类亲子游戏的含义。
2.了解亲子沟通和亲子游戏对婴幼儿语言发展的作用。
3.掌握亲子沟通促进婴幼儿语言发展的方法。
4.能够针对不同月龄婴幼儿的语言发展目标设计语言类亲子游戏。

学习重难点

学习重点:掌握亲子沟通促进婴幼儿语言发展的方法。
学习难点:能够针对不同月龄婴幼儿的语言发展目标设计语言类亲子游戏。

思维导图

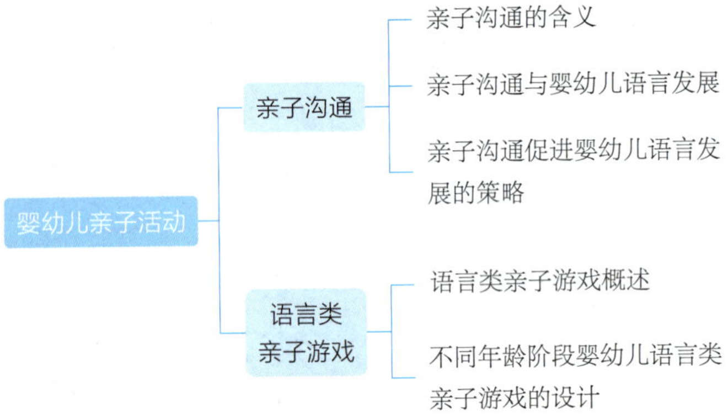

第一节

亲子沟通

一、亲子沟通的含义

沟通是人与人之间、人与群体之间思想与感情的传递和反馈的过程，以求思想达成一致和情感的通畅。

亲子沟通是父母与子女双方进行交流。亲子沟通不仅可以帮助父母更好地进行回应性照护，与婴幼儿形成良好的亲子关系，也能为婴幼儿将来建立良好的人际关系奠定基础。

沟通的核心在于语言。在沟通上，婴幼儿需要双向表达能力。婴幼儿时期，亲子沟通有两种方式，即语言沟通和非语言沟通。父母首先应该做到用句子说话，而不是只言片语，其次应该及时回应婴幼儿，学会解读非语言信号。

二、亲子沟通与婴幼儿语言发展

语言是人类特有的认知功能，理解和使用语言是发展其他认知功能的基础。婴幼儿早期语言能力发展至关重要。有纵向研究发现，学龄前语言能力是个体青少年时期阅读能力的显著预测指标。

在儿童语言发展理论的研究中，研究者们非常关注对影响语言发展的因素的研究。影响婴幼儿语言发展的因素包括个体因素和环境因素。个体因素包括遗传、婴幼儿气质等。环境因素包括家庭环境、学校环境、社会环境。其中，家庭是婴幼儿成长的主要场所，家庭环境对婴幼儿语言发展的影响很大。家庭收入状况、父母文化程度等都影响婴幼儿语言能力发展。如父母受教育程度高、父母年轻等因素有利于婴幼儿词汇发展。高学历父母在使用词汇时，在词汇频率和多样性方面表现均优于低学历父母，其子女的词汇运用水平与此有较高相关性。[①]

拓展阅读

亲子互动影响0~3岁留守儿童语言发育[②]

研究发现：我国农村地区0~3岁留守儿童语言能力发育状况不容乐观，亲子互动过少是儿童语言能力可疑发育迟缓的危险因素。这个研究结论更进一步验证了亲子互动在婴幼儿语言发展中的作用。

---

①祁小雯．家庭亲子沟通活动类型对儿童语言能力影响的研究[J]．安徽文学(下半月)，2015(12)：132-133.

②段小倩，石慧峰，窦妍，等．亲子互动对0~3岁留守儿童语言发育的影响[J]．中国生育健康杂志，2020，31(5)：420-425.

三、亲子沟通促进婴幼儿语言发展的策略

在亲子沟通中，既存在语言沟通，也存在非语言沟通，如表情、动作等。在亲子沟通中摆在第一位的应该是语言沟通，因为正是语言沟通将人类和动物区别开来。并且，语言沟通能力与决策力密不可分。

人类的语言系统十分复杂，不但有词汇类别的区分，而且有时态、语法的区别。人类需要运用语言思考，表达未见之物。如果一个人对语言的掌握程度较差，那么他的思考模式也会受到影响。

当代心理学的研究者认为：亲子沟通，加强交流是婴幼儿语言能力发展的关键。日常生活中亲子沟通随时发生，父母要学会不厌其烦地跟婴幼儿说话，坚持有益的语言刺激。

（一）使用“儿语”

“儿语”，具体指父母或者照护者在与婴幼儿互动或者讲话时使用的特殊方式。其特点是讲话方式缓慢，在语调和高音上故意夸张，声音轻柔。[①]

当成人跟婴幼儿沟通时，会有意识地提高声调和放慢说话的节奏，这样是能够吸引婴幼儿注意力的。并且高低音之间转换，清晰地发音，使用简单、低龄化的词都能够让婴幼儿更容易理解。改变语法，简化语法；多用短句，如“妈妈来了”；用名词替代代词，如“妈妈来抱宝宝”；多使用复数和叠音，如“我们来睡觉觉啦”。

经过数十年的研究，人们发现，婴幼儿更喜欢听人用“儿语”的语调说话。当婴幼儿听到“儿语”的时候，心脏频率会加快，哪怕是外国语言也是一样。当成人用“儿语”跟一个5个月大的婴儿说话时，他开心的时候会笑得更明显，而不乐意或者担心的小表情也一样更加明显。当成人用“儿语”的方式让一个12个月大的婴儿看向一幅图片时，婴儿听从指令的概率明显更高。

（二）回应式倾听

回应式倾听是一种亲子沟通的技巧，这种倾听方式对成人有以下要求：

首先，父母要做一个忠实的听众。当婴幼儿跟你交谈时，要专注地倾听，蹲下身，全神贯注，眼睛注视着婴幼儿的眼睛，表现出对他所谈话题极大的兴趣。

其次，对婴幼儿的话可以重复、延伸和改述。通过提问或者创造需要回答的语言情境。例如，当婴幼儿看见球场上有人踢球时，发出“球”的声音，成人可以重复：“球，对了，哥哥姐姐们在草地上踢足球。”把踢球对象以及球的具体名称进行扩展延伸。

---

①朱迪·赫尔，特丽·斯文．美国早教创意课程（2—3岁）[M]．李颖妮，译．上海：华东师范大学出版社2014：10-11.

最后，回应婴幼儿的行为。当婴幼儿与照护者共同关注一件物品、参与一件事情时，沟通和互动就自然发生了。此时照护者需要了解婴幼儿独特的沟通方式：哭声、语言、动作、手势和面部表情以及身体姿势。照护者需要仔细观察，并能一一辨识。除了仔细倾听、解读其沟通目的外，照护者还需调动合适的身体姿势、表情、眼神、肢体动作及语言、声音传递易为婴幼儿观察到、注意到并适合其理解的有效信息。当照护者的沟通行为被婴幼儿所理解，照护者可以继续给予回应，维持互动。比如，一个孩子直视你，这是一种完全专注的行为。这种情况下，可以继续互动。当孩子低下头或者视线已经转向别处，停止互动或者游戏。

（三）用肯定语言与婴幼儿沟通

与婴幼儿沟通时，要多说正面的、鼓励性的话语。当婴幼儿尝试着用水壶往杯子里倒水时，父母经常为了制止其行为，说："你不能自己来。"尽量少用"别""停""你总是"这样的词汇；尽量少用命令句式，多用问句，如"你可以吗？"对婴幼儿的行为多用肯定句式，多使用"好！""对！"以及"谢谢你！"这样能增强婴幼儿的自信心，感受到父母对他的信任，也能够减少婴幼儿的逆反心理。

用婴幼儿喜欢的方式沟通。一味用说教、命令、强迫等方式让婴幼儿听话，婴幼儿会有逆反心理。成人可以选取适宜的故事，让婴幼儿从故事中领悟道理，听故事也能够更好地促进婴幼儿语言的发展；也可以在游戏中沟通，因为婴幼儿在兴奋的情绪中更能够接受他人的意见。

（四）要与婴幼儿多说话

儿童早期的语用能力是在交际互动中逐渐形成和获得的。国内外大量研究表明，成人与婴幼儿对话的多少和方式都影响着他们语言的发展。

首先，与婴幼儿说话可以从胎儿期开始。在孕期最后10周的时候，胎儿已经能够接受语音要素，父母就可以跟胎儿多说话。当婴幼儿还不会说话时，需要关注婴幼儿语言的输入量。虽然他不明白成人在说什么，但是成人要知道，对婴幼儿多说话可以更好地促进其大脑发育。

其次，将与婴幼儿的对话融入婴幼儿日常生活中。保证每天和婴幼儿独处30分钟，全身心地关注对方。与3个月以内的婴儿对话可以利用喂奶或者换尿布的时间进行，这是亲子相处的绝好时机。对婴儿解释接下来将要发生的事情，这样能让其预先有心理准备，并指导接下来的动作或活动。如"来，我们要换尿布了。湿手巾要来了哦。好，抬起腿来……嗯，把腿放下吧。""我现在要给你戴上帽子，戴好了，我们一起去外面玩。"

再次，大声阅读，大声朗读图书、报纸等。不管婴幼儿是否能听懂，读就可以。

最后，对婴幼儿讲述一切，包括你看到的、听到的、想到的、正在做的等等。讲述期间，时不时停下来，看着婴幼儿的眼睛，给其一个微笑。

(五)引导婴幼儿用句子交流

姐姐上幼儿园时，很少会用单个词语进行交流，有时甚至只发出一两个字。想要什么东西时，她只会说“要”；不想要什么东西时，她只会说“不”。之所以会这样，是因为她有一个比她大2岁、语言能力强的姐姐，而且姐姐非常体谅和照顾她。她说单个字时，姐姐全能听懂。两个人每天上同一个幼儿园，在家也是黏在一起，在语言沟通上没有任何障碍。

在生活中，父母是不是也充当着姐姐这样的角色呢？当婴幼儿说：“鞋子。”妈妈立刻能够解读出其发出的信号，立即回答：“鞋子已经洗好晾干了。”这样不利于引导婴幼儿更多的思考、说出更多的句子，不利于其语言的发展。

一旦婴幼儿开始说话，亲子沟通变得更加容易和有趣。婴幼儿开始会重复成人说的每一个字和每一句话，这时成人可以有意识教婴幼儿说话。以下策略可以帮助婴幼儿语言能力得到较大的提升。

在与婴幼儿交流时，请不要只用一个词语或短语表达自己的想法。婴幼儿经常会只说一个词，如“不行”“不要”等。在表达需求时，婴幼儿也只说一个名词，如“饭”“鞋”等。这说明在他的头脑中只存储了这些词汇。那么，他在阅读长篇文章时就会非常吃力。

我们强调脱离只言片语，也就是要求在表达时说完整的句子。例如，“不行”之类的话不算是完整表达，完整表达应该说：“我在看电视，所以做不了。”回答应该符合5W1H原则。什么是5W1H原则呢？即要求人们在面对选定的项目、工序或操作时，从原因(Why)、对象(What)、地点(Where)、时间(When)、人员(Who)、方法(How)等6个方面进行思考，从而找出解决问题的方法。做到这一点，父母与婴幼儿、婴幼儿与婴幼儿之间的争吵就会减少，亲子沟通也会增加，婴幼儿的沟通能力也能提高。

父母自己要做到脱离只言片语。脱离只言片语就是禁止只使用一个一个的词语交流。父母和孩子可以在家里举办一个“脱离词语周”活动，即每天都要互相监督和评价，自己和他人今天是否只用了一个词语进行沟通。然后以周为单位循环进行，家里一旦开始实行“脱离词语周”，孩子会比父母更容易察觉谁在用单个词语说话：“妈妈，你又只说了一个词！”

回到上述案例的情境，当孩子要鞋子时，不断对你喊“鞋子，鞋子”，父母可以回应：“妈妈可不是鞋子呀！”这种幽默的回应方式可以很快让幼儿学会完整表达自己的需求。

（六）用词丰富多彩

与婴幼儿进行沟通时，解释语言或者描述语言要简洁，但是这并不意味着可以避开恰当的词汇。对于婴幼儿来说，多数词语都是生僻的，不管语句多么简单。所以，与其跟婴幼儿说："看，飞机。"不如用更加丰富的句子："看，那有一架水上飞机。飞机有两只脚吗？那两只脚叫浮箱。浮箱能让飞机浮在水面上，这样水上飞机就可以浮在水面上。"

第二节

语言类亲子游戏

一、语言类亲子游戏概述

亲子游戏是以亲缘关系为基础，构建良好的亲子互动，对婴幼儿实施亲情影响的各种活动。

婴幼儿从出生时就能够交流，但是使用语言的能力是随着年龄增长逐渐发展起来的。在婴幼儿发育的任何一个阶段，游戏与其语言能力发展都有着密切的关系，是非常好的语言输入途径。同时，游戏是婴幼儿最喜欢的活动，语言游戏让婴幼儿的语言交往环境变得更加自由、轻松和愉快。成人与婴幼儿进行游戏，能够帮助婴幼儿将注意力集中于声音、面部表情、模仿和游戏顺序上。

二、不同年龄阶段婴幼儿语言类亲子游戏的设计

（一）0~6个月婴儿语言类亲子游戏

0~6个月是非常典型的语音阶段，也是母语形成的阶段。语言内容不重要，重要的是声音的输入。在语言启蒙方面，听韵律强的儿歌、童谣是最好的，应当让婴幼儿每天在固定的时间重复听同一内容。同时，还应该进行指物训练。例如，拿着苹果说："这是苹果。"拿着一个小熊玩偶说："这是泰迪熊。"告诉婴幼儿，这是什么，让婴幼儿做物体认知。可以将物体认知融入各种场景中，比如，换尿布时说："小宝贝，我来给你换尿不湿。"晚上睡前说："晚安，宝贝。"如果可以加上动作效果更好。

1. 0~6个月婴儿语言发展特点

0~3个月婴儿用哭声、"咿呀"语和面部表情（如微笑）与人沟通交流，偏爱人的声音。婴儿的第一声啼哭预示着语言发展的开始。婴儿刚开始的声音更多代表其心理状态和生理需求。比如，需求得到满足或者开心的时候会发出"呜

啊”声和类似元音的声音；需求得不到满足或者不开心时则会发出哭叫声。交流是婴儿的本能。1个月大的婴儿对低沉声、哭泣声做出反应。2~3个月的婴儿会发出“嘎吱”“咕咕”等声音与他人交流。

4~6个月婴儿开始牙牙学语，自言自语，模糊地模仿母语发音，会尝试发简单的辅音，如“m”“d”“b”“g”，并出现标准化、系统化的元音和辅音搭配，如“mama”“baba”“dada”“gaga ”。并且婴儿喜欢重复，乐此不疲。愿意参与成人发起的互动游戏，开始掌握沟通和对话的技巧，学会了轮流、等待和倾听。

此阶段的语言类亲子游戏主要是以听的亲子游戏为主。婴儿多听，才能把外部语言信息内化为自己能够掌握的语言经验，为下一步开口说话做好准备。

2.语言类亲子游戏案例

(1)骑马唱歌游戏。

游戏目标：发展婴儿的语言理解能力，培养婴儿的韵律感与节奏感。

游戏材料：儿歌《骑大马》——骑大马，骑大马，上高山，跨过河，咯噔咯噔，跨过河！

游戏过程：妈妈把婴儿抱在膝上，面向前方，双手扶稳婴儿，让婴儿有骑在马上的感觉。一面唱着儿歌一面用腿按节拍上下抖动，用手夹住婴儿的腋窝将其举高。

婴儿很喜欢这种有韵律的游戏。婴儿练习几次后，当听到“咯噔咯噔”时，身体便会做好准备，一听到“跨过河”，会自动向高处一跃，以此来配合妈妈的动作。诵唱其他童谣时也可让婴儿配合做动作，以帮助婴儿懂得童谣的韵律，并记得在某几个音节之后会有一个有趣的动作。婴儿会以这几个音节作为动作的征兆，主动去配合童谣表演。

扩展活动：可以找些类似这样的有配合动作的儿歌和童谣，让婴儿跟着一起互动。以下亲子游戏可以参考。

扩展游戏：小猴子。

游戏材料：儿歌——小猴子，照镜子，看见你的大鼻子。

游戏玩法：成人把婴儿放在床上，仰卧。当唱“小猴子”时，成人将仰卧婴儿的双腿并拢抬起来，双腿与床呈90度，用双腿遮住成人的脸，类似于藏猫猫。当唱“照镜子”时，成人把婴儿并拢的两腿打开，接着唱“看见你的大鼻子”继续玩游戏。可以把“大鼻子”换成身体其他部位，如大眼睛、大嘴巴等。

儿歌欣赏

专家点评：0~3岁时，音乐和儿歌是婴幼儿语言学习最佳的素材。儿歌能够刺激婴幼儿语言听说能力的发展，经典童谣或者适当进行创新的童谣，都能够吸引婴幼儿的注意力。成人和婴幼儿一起玩互动游戏，可以配上儿歌，边唱边做动作。成人可以从网上下载儿歌，编配上适合婴幼儿的动作，或者直接找一些相关视频来学习(最好不要直接用视频来教)，不用理会动作是否标准，带着婴幼儿在放松、愉快的氛围中边唱边舞动起来，配上打拍子就更好。

(2)边走边说游戏。

游戏目标:促进婴儿语言理解能力的发展和对环境的认知。

游戏材料:无。

游戏过程:抱着婴儿在家里或者户外走走,向婴儿指出看到的事物或其他人正在做的事。如"这是厨房,做饭的地方。厨房里有许多做饭的工具,煤气灶、抽油烟机、锅、锅铲……""爸爸正在洗菜做饭,他围着一个围裙。"

扩展活动:尽可能与婴儿谈论身边熟悉的物品和发生的事情。也可以用这种方式跟婴儿一起讨论图画书的内容。

专家点评:

①随时保持与婴儿的对话,说话时尽可能用描述性的词语。

②使用"儿语"与婴儿交流,吸引婴儿注意力,并注意音调要高,高低音转换,有节奏感,语句短,语速慢,发音清晰。

③与婴儿交流时,要多模仿婴儿发音,不管对错。

(二)7~12个月婴儿语言类亲子游戏

1. 7~12个月婴儿语言发展的特点

连续音节明显增加,近似词的发音增多。这一阶段的婴儿开始发出一些连续音节,并明显增多,音调开始多样化。逐渐能够发出一连串的辅音和元音的音节,还能模仿一些非语言的声音或成人发出的新语音,这标志着婴儿开始说话。

此阶段的婴儿发音形式接近汉语的口语表达,有升调和重叠音,似乎在说某个句子。婴儿往往在固定情境中学说话,开始模仿成人的发音,努力使自己的发音接近正确发音,并且越来越复杂多样。10~12个月,婴儿语音听辨能力增强,能辨别母语中的各种音素。在这个阶段,大部分婴儿能有意识地说出第一个有意义的词。

婴儿9个月左右开始真正理解成人的语言,基本能听懂成人关于日常生活的对话,并做出相应的回应,也能鉴别成人说话的语气和语调。婴儿建立起语音与实物之间的联系,认识简单的手势、命令等,能识别生活中常见的物品。如问:"桌子在哪里?"婴儿会用手指向桌子,把目光或者头转向桌子。1岁左右,其能够理解的祈使句和疑问句达到10个,虽然不能说话,但是已经开始语言化。

婴儿能够执行成人简单的指令,建立相应的动作联系。比如见到熟悉的家人,会称呼对方,会跟对方再见,会和客人说再见或者摆手。

2. 语言类亲子游戏案例

(1)丁零零,电话来了游戏。

游戏目标:发展婴儿的语言能力,锻炼婴儿的听说能力。

游戏材料:2个玩具电话听筒。

游戏过程：让婴儿靠坐在床上，妈妈与婴儿面对面坐着，拿起听筒对着婴儿说："喂喂喂，××在家吗？"和婴儿玩打电话的游戏。妈妈帮助婴儿拿起电话，说："丁零零，来电话了，××接电话吧。"

扩展活动：妈妈可以分饰两个角色，演示妈妈和婴儿对话，妈妈可以聊聊今天做的事情和婴儿做的事情。

专家点评：7~12个月的时候，婴儿刚刚学会说话，很喜欢和成人说话。这时候可以找一些相关的游戏，创设情境，跟婴儿说话。

(2)拿出来，放进去游戏。

游戏目标：培养婴儿的语言理解能力。

游戏材料：准备一个玩具百宝箱。

游戏过程：妈妈把玩具从百宝箱中一一拿出来，说："拿出来，放进去，拿出我的小猫咪。"妈妈接着把拿出来的玩具放回去，一边放，一边说："拿出来，放进去，放进我的小猫咪。"妈妈示范后，让婴儿模仿妈妈的动作完成游戏。

扩展游戏：把玩具进行替换，循环进行。也可以妈妈和婴儿轮流拿出来，放进去，配上儿歌。

专家点评：1岁左右的婴儿能够理解一定的语言。成人可以利用玩具创设游戏，引导他们进行口语的表达和交流，以此丰富婴儿的词汇，让婴儿获得快乐的体验。

(三)13~24个月幼儿语言类亲子游戏

1~2岁是幼儿口语积累阶段，仍然需要熏听，成人应该为幼儿准备儿歌、童谣、故事等。在英语阅读方面，可以开始亲子阅读。在这个阶段，指物训练也仍需要进行。与0~1岁不同的是，语言类亲子游戏可以加入绘本阅读。这个阶段的亲子阅读应该如何进行？这一阶段的幼儿注意力还不集中，因此不要着急，多让幼儿接触绘本，然后指出他们熟悉的物体，不要在乎故事情节。亲子阅读是需要花时间的，也需要长时间坚持。

1. 13~18个月幼儿语言类亲子游戏

(1)13~18个月幼儿语言发展的特点。

此阶段幼儿将经历语言爆发期，有10~12个词的词汇储备，能理解大约50个词，能连起两个词，如"爸爸吃饭""玩玩具"，平时表达的语言属于电报式语言，开始讲自创语言。但也会出现一个短暂的相对沉默期，沉默期幼儿主要通过大量的听来提高语言能力。幼儿语言理解能力增强，理解的词汇中名词和动词占较大比重，理解的范围由近及远。在发音方面，13~18个月幼儿发音不准，成人可能会听不懂，他们会把"星星(xingxing)"发成"西西(xixi)"，把"牛(niu)"发成"油(you)"。通常会用拟声词代替事物名称，如把狗叫成"汪汪"，把猫叫成"喵喵"，把车叫成"嘀嘀"。

(2)语言类亲子游戏案例。

①表达需求游戏。

游戏目标:引导幼儿用语言和动作表达“是”或者“不是”。引导幼儿说出“是”或“不是”以及“要”或“不要”。

游戏材料:无。

游戏过程:父母可以使用疑问句来提问,如“你是一个男孩吗?”“你要喝水吗?”让幼儿来回答“是”或者“不是”,“要”或者“不要”,也可回答“可以”。

②找五官游戏。

游戏目标:练习幼儿对词语的反应能力。

游戏材料:无。

游戏过程:妈妈和幼儿面对面坐着,妈妈指着自己的鼻子说:“鼻子。”幼儿指着自己的鼻子说:“鼻子。”看幼儿对自己身体部位的反应能力。

扩展游戏:让幼儿认识眼睛、耳朵、嘴等五官,然后跟幼儿一起互动。

专家点评:1岁多的幼儿已经能够准确地认识自己的五官。跟幼儿玩这个游戏,不仅可以加深幼儿对身体部位的认识,还可以增强幼儿对语言的敏感度和反应力。

③快来找一找游戏。

游戏目标:培养幼儿辨别同类语音、不同声调词汇的能力。

游戏材料:杯子与被子的图片;娃娃与袜子的图片;衣服与椅子的图片;猫与帽子的图片;书与树的图片;红五星数个。

游戏过程:把各种图片散放在桌子上,妈妈和幼儿面对面坐着。游戏开始,妈妈说出一个词语“杯子”,让幼儿根据发音找到相应的图片,并说出“杯子”。若幼儿回答正确,妈妈奖励一个星星给幼儿。

扩展游戏:可以增加更多名称发音相似的事物图片。图片尽量用彩色的,便于幼儿理解。

专家点评:当幼儿能够辨别一定的语音时,可以找些同类语音词汇让他们来辨别。这种方法可以进一步提高幼儿对语音的辨别能力,从而有效增强其听力的敏感性。

2. 19~24个月幼儿语言类亲子游戏

(1)19~24个月幼儿语言发展的特点。

19~24个月的幼儿掌握了生活中很多常用的词汇。此阶段幼儿使用电报式语言,能连起3个词讲话,50%~75%的话能被听懂,知道名字指代自己。

(2)语言类亲子游戏案例。

①钻隧道游戏。

游戏目标:学习词汇“里面”“外面”“中间”。

游戏材料:若干纸箱、空旷场地、帐篷。

游戏过程:让幼儿穿隧道,成人在隧道的另一头用声音呼唤幼儿。在幼儿爬的时候,可以对幼儿说:“你在隧道里面爬,妈妈在隧道的外面等着你。”“你爬到了隧道的中间了。”可以进一步提问:“你现在在隧道的哪里?你在隧道里看见了什么?”

专家点评:幼儿首先学会的词汇是与自己相关的。因此,幼儿对新词汇学习的最好方式是亲身体验,然后进行描述。成人可以利用身边的事物跟幼儿进行互动交谈,以此来增加幼儿的词汇量。可以将语言发展的内容可以融入幼儿的其他活动中来,如动作游戏中加入儿歌、童谣,中文或者外语都可以。

②说“你”“我”“他”游戏。

游戏目标:帮助幼儿学会使用人称代词,学会用“我”来称呼自己,用“你”来称呼对方,用“他”来称呼第三人。

游戏准备:无。

游戏玩法:利用家里的物品,引导幼儿理解“你”“我”“他”的含义。妈妈指着家里的玩具问:“这是谁的玩具?”幼儿会说:“童童(幼儿名字)的玩具。”妈妈可以告诉他:“这是你的玩具,用‘你’表示对方。”妈妈再拿出自己的鞋子,问:“这是谁的鞋子?”幼儿会说:“这是妈妈的。”妈妈告诉他:“这是我的,用‘我’表示自己。”再拿出幼儿的鞋子,问:“这是谁的小鞋子?”如果幼儿不会表达,妈妈可以在旁边提醒:“我们用什么来表示自己呀?”引导幼儿主动说出“是我的”。最后,拿出幼儿爸爸的鞋子问:“这是谁的鞋子?”当幼儿说“是爸爸的”时候,妈妈用手指指旁边的爸爸说:“是他的。”

专家点评说:如果幼儿一下子理解不了那么多,就先从简单的“你”“我”开始,学会后再引入对“他”的学习。

③猜猜我在做什么游戏。

游戏目标:练习发音,发展语言能力。

游戏材料:需要认识的物品。

游戏过程:成人做些动作,让幼儿来猜是在做什么。比如:炒菜、刷牙、弹琴、游泳、开车、打球……还可以模仿某种事物(如香蕉、大树)或动物(如大象、兔子、鱼)等的样子来让幼儿猜。也可以让幼儿来做,成人猜。在模仿事物的时候,可以给幼儿一些提示,比如:“这是一种吃的东西。”

扩展活动:让幼儿猜猜口袋里的物品,如果猜不出来,可以提供新的线索,直到幼儿猜到为止。可从以下方面增加游戏难度:一是可以选取幼儿不熟悉的物品进行;二是增加同一物品的大小版本,增强幼儿“大”和“小”的概念。

④我是一把小茶壶游戏。

游戏目标:发展语言表达能力;用动作、表情表演一首歌。

游戏材料:儿歌《我是一把小茶壶》——小小身体胖嘟嘟,弯弯的把手细细的嘴，等到水开就欢呼，倒一倒，倒一倒，香喷喷的好茶咕噜噜。并把歌词抄在一张索引卡上。

游戏过程：跟幼儿一起边唱儿歌边做动作。

专家点评：对幼儿来说，伴随着音乐的肢体活动，是十分有意义的。它是幼儿表达自己的重要工具。幼儿可以根据口头指令或者音乐来活动，成人可以请幼儿像大象一样踏着沉重的步子或者像小兔子一样蹦蹦跳。但要注意，幼儿对活动的反应是根据年龄变化的。通过肢体活动，幼儿可以学会一些词汇，如“快/慢”“轻/重”“大/小”“高/低”等词汇。幼儿通过活动对自己身体进行探究，用肢体动作表达想象力，练习肢体动作和韵律节奏的配合。成人在给幼儿念儿歌时，要面对着幼儿，速度稍慢，发音准确，口型夸大一些，给幼儿以准确的声音刺激。坚持每天给幼儿念儿歌，几首儿歌可以轮流念给幼儿听，但每首儿歌都要反复念几次。

（四）25~36个月幼儿语言类亲子游戏

1. 25~36个月幼儿语言发展特点

此阶段幼儿语言发展的特点表现为：基本能理解成人说的句子；发音稳定规范，发不出的语音逐渐减少；能用简单的句型表达，以“主+谓”和“主+谓+补”两种句式类型为主，开始喜欢探究事物，疑问句使用逐渐增多。

25~36个月幼儿能够听故事，会看图说简单句子，会用形容词（“喜欢”或者“不喜欢”、“伤心”或者“高兴”等）表达内心的感受，会唱简单的歌曲，能参与谈话。

这一时期，幼儿继续使用电报式语言，每句话包含3~4个词，讲完整的句子，词序自然，展示出有效的谈话技巧，用“我”而不是用名词指代自己，能谈论非眼前发生的事物，理解一定的语法，词汇量飞速增加达到300个，喜爱成人为其阅读故事，伴以指物、聊天和翻书的行为。

2. 语言类亲子游戏案例

（1）击鼓传花游戏。

游戏目标：发展语言表达能力，发展触觉和认知能力。

游戏材料：一个布袋，若干图片或者实物。

游戏过程：幼儿与成人轮流从袋子里取出一张图片或者实物，并用语言描述是什么，有什么特征，是什么材质，有什么用途。

扩展游戏：选择幼儿日常生活中常见事物的图片，全家人一起玩。

（2）送信游戏。

游戏目标：发展语言表达能力。

游戏材料：无。

游戏过程：成人与幼儿分别轮流做邮递员。

（邮递员敲门）问：谁啊？

邮递员：我是邮递员，我是来送信的。

问：是从哪里来的信？

邮递员：是从北京来的信。

收到信后，说：谢谢，辛苦了。

邮递员：不客气。

互换角色，继续游戏。

扩展游戏：游戏模仿的对象可以变换，幼儿生活中接触和熟悉的角色都可以模仿。创设一定的情境，幼儿与家长开展对话。

(3)看看说说游戏。

游戏目标：练习语言表达技巧。

游戏材料：有各种人物(爷爷、奶奶、哥哥、姐姐)和各种物品的卡片若干张。

游戏过程：将卡片背面朝下放好，让幼儿随意翻开两张，根据卡片上的内容造一个句子。例如，翻开的图片是“爷爷”和“看书”，那么可以引导幼儿尝试说一句话，如“爷爷正在看书”“爷爷很喜欢看书”。成人与幼儿轮流翻卡片造句，直到所有的卡片翻完为止。

扩展游戏：卡片上的图案可以增多，卡片数量也可以增多。当幼儿能够熟练说出句子后，成人尝试提供更多的卡片，让幼儿围绕着卡片编故事，并把编好的故事讲述出来。

(4)3只小猪手偶秀。

游戏目标：练习语言表达技巧。

游戏材料：3只小猪的手偶、大灰狼的手偶。

游戏过程：爸爸、妈妈和幼儿，根据故事内容分角色扮演小猪和大灰狼。

专家点评：手偶是有效刺激婴幼儿语言发展的工具，利用手偶跟婴幼儿一起游戏或者讲故事能够使游戏或故事更加生动有趣，也可以促进婴幼儿口语表达。手偶形式多样，有直接套在手上的各种造型，也有套在手指上的。在家庭中成人可以利用婴幼儿对卡通形象的喜爱来激发幼儿对故事讲述或者表演的兴趣。

本章回顾

本章主要介绍促进0~3岁婴幼儿的语言发展的两类亲子活动：亲子沟通和语言类亲子游戏，介绍亲子沟通的概念、亲子沟通对婴幼儿语言发展的价值以及亲子沟通促进婴幼儿语言能力发展的策略。游戏是婴幼儿最喜欢的一种活动形式，掌握不同年龄阶段婴幼儿语言发展特点，并依据不同年龄阶段婴幼儿语言发展特点设计和组织相应的语言类亲子游戏。

思考与练习

简答题

1.亲子沟通促进婴幼儿语言发展的价值。

2.亲子沟通促进婴幼儿语言发展的策略。

3.19~24个月婴幼儿语言发展特点。

4.25~36个月婴幼儿语言发展特点。

思考与练习
参考答案

实操训练

1.尝试随便拿一本故事书读一段内容给婴幼儿听，读的时候用平常声音与语速，观察婴幼儿会是什么反应？换上“儿语”，你再读一遍，看婴幼儿会有怎样的反应。

2.尝试模拟，用婴幼儿能够接受的方式对婴幼儿描述一件事情。

3.尝试为不同年龄阶段的婴幼儿设计亲子游戏。

推荐阅读

1.莎莉·沃德.婴幼儿语言圣经[M].毛敏，译.北京：北京科学技术出版社，2016.

2.颜永祺，陈达萌.陪孩子玩的100种游戏：用戏剧游戏培养九大能力[M].北京：新星出版社，2020.

3.凯瑟琳·扎切斯特.儿童戏剧游戏[M].周子璇，译.上海：上海文化出版社，2019.

4.方素珍.可爱动物操[M].石家庄：河北教育出版社，2009.

5.白玛琳、骆思洁著，邓峰译，“真正的蒙氏教育在家庭”系列，中信出版社2017年出版。

第六章
婴幼儿戏剧活动

戏剧活动是婴幼儿生活中最原始、最常见且最重要的一种活动。婴幼儿通过戏剧活动来了解自己与外界的联系，戏剧活动为婴幼儿提供全方位学习与成长的机会。认识0~3岁婴幼儿戏剧活动的特点与意义以及常见类型，能够获得一种全新的视野来审视早期教育中的游戏活动。

学习目标

1. 认识0~3岁婴幼儿戏剧活动的特点与意义。
2. 了解0~3岁婴幼儿戏剧活动的常见类型。

学习重难点

学习重点:认识0~3岁婴幼儿戏剧活动的特点与意义。
学习难点:了解0~3岁婴幼儿戏剧活动的常见类型。

思维导图

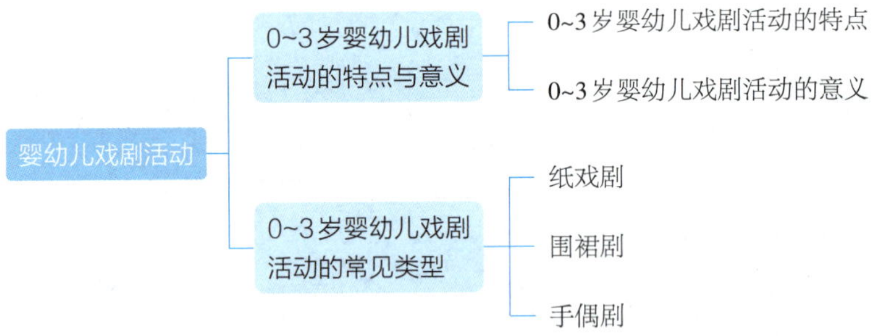

第一节

0~3 岁婴幼儿戏剧活动的特点与意义

2岁8个月的鸣鸣和妈妈在小区里散步，遇见了她的托班同学欣欣。两个小女孩在鸣鸣妈妈的带领下玩起了扮演大厨师的游戏。飘落在地上的树叶变身为各种“蔬果”和“肉类”，随身携带的小手帕也成了可以装菜的“菜篮子”。孩子们捡起叶子放在手帕上，找了一口“大锅”（石头），便开始忙碌起来：西兰花炒肉、蛋炒饭、南瓜粥、水饺、排骨汤、奶油蛋糕、水果沙拉……孩子们完成美味丰盛的“大餐”后，又假装邀请班上的老师和小朋友们共进午餐。

这种常被称为假装游戏、角色扮演或想象游戏的戏剧活动是孩子们日常生活的一部分。这类戏剧活动具有哪些特点？经常开展此类活动对0~3岁婴幼儿的语言发展有哪些重要意义呢？

一、0~3 岁婴幼儿戏剧活动的特点

在生活和教育中经常能接触到戏剧，它时而是以戏剧形式为主的即兴创作，时而又是以剧场形式为主的表演活动。后者由于有完整的演出环节，加上舞台、道具、音效及灯光的烘托，让人印象深刻，使得一般大众形成了一种固有认知，以为戏剧表演是正式的，需要专业人士才可以进行的一项庞大繁杂的艺术形式。

事实上，戏剧是一种多元又综合的表现形式。有的儿童游戏理论专家认为，那些非正式的、重视生活体验的即兴互动游戏也应视为儿童戏剧活动。儿童戏剧活动以语言、动作、表情、声音、道具戏剧化地呈现了人类最初的存在。这种存在既包含人类幼年阶段对世界的认知，又包含人类在世界中的自我投影。随着儿童语言能力的不断发展，语言将从戏剧多元的表现形式中独立出来，朝语言符号的审美方向发展。儿童语言符号的审美能力与语言符号的思维能力相辅相成。前者关乎儿童情感的领悟与超越，滋养心灵，陶冶智慧；后者关乎其理性思维的逻辑思辨能力发展。本书所提的0~3岁婴幼儿戏剧活动指的是0~3岁婴幼儿在日常生活经验的基础上，通过角色扮演、模仿和想象，把自己的经验重新建构在虚构的游戏世界里的游戏活动。下面我们谈谈0~3岁婴幼儿戏剧活动的特点。

（一）以自发即兴为主

出于本能的自发性戏剧游戏，通俗来讲，就是假装游戏或角色扮演，是该阶段婴幼儿开展的主要戏剧活动。婴幼儿和玩伴随性发起，活动参与者既是演出者又是制作人。在游戏过程中，他们能够主动自发，随兴所至、随兴而终，自由

发挥，不受外界约束，全凭游戏参与者之间的默契。[①]这类游戏事先没有任何准备和组织，全凭婴幼儿的兴致开展。对于时间、场地、道具等，婴幼儿拥有自由选择的机会，而不是被强迫指定。不受游戏规则的限制，婴幼儿自行协调。

（二）以扮演游戏为主

根据游戏理论，在出生后至两岁，亲子游戏是婴幼儿游戏的主要形式。2岁左右，婴幼儿开始尝试象征性游戏，开始出现象征性行为，包括动作的假装、人物的假装、想象的替代物等。[②]如用玩具茶杯喝茶、把纸巾当作被子给毛绒玩具盖上。在3岁前，婴幼儿所扮演的多为具体的角色行为。如婴幼儿双手握住玩具方向盘假装转动，嘴里同时发出"嘀嘀呜呜"的声音假装在开车。这一类的扮演游戏在婴幼儿的日常生活中随处可见。图6-1为2岁7个月的幼儿让父母把塑料袋绑在床架上做成"摇篮"，自己扮演"妈妈"哄她的动物朋友们睡觉。

图6-1　幼儿在玩扮演游戏

（三）以游戏过程为主

自发性戏剧游戏以过程为主，重过程而非结果。在开展此类游戏时，婴幼儿沉浸于过程的体验和感受，发生的时间和地点不受限制，所用材料也因时因地的不同而改变。此类活动比较容易受外界的干扰，或因游戏参与者产生争执而被打断，"剧情"也随之无疾而终，持续时间短至3分钟，长至半小时。

（四）以日常生活经验为主

自发性戏剧游戏的主题主要源于婴幼儿自身的生活经验，如扮演爸爸妈妈、去超市买东西、喝奶、吃蛋糕等，也有一些属于想象世界里的虚构人物，如蜘蛛侠、超人、小仙女、怪物等。日常生活中随手可得的用具或简单的象征性材料都可以成为此类戏剧活动的道具，如一片叶子就是一块蛋糕，一根树枝就是一匹小马驹等。图6-2为2岁6个月的幼儿根据自己与父母坐动车的经验，把小凳子摆成了动车的形状，每一位"乘客"的座位旁都放着一瓶矿泉水。

---

①林玫君．儿童戏剧教育概论[M]．上海：复旦大学出版社，2019：7.

②刘焱．儿童游戏通论[M]．2版．北京：北京师范大学出版社，2008：268-269.

图6-2　幼儿用日常生活中的材料做成戏剧活动的道具

二、0~3岁婴幼儿戏剧活动的意义

（一）愉悦身心，释放自我

戏剧活动对于0~3岁婴幼儿而言就是一种游戏活动，而他们日常的娱乐就是游戏。在玩此类游戏的过程中，婴幼儿可以全身心地融入自己创编的剧情，完全投入自己所扮演的角色，通过剧情的转化来控制和舒缓情绪，充分释放自我，享受游戏的快乐，从而达到愉悦身心的目的。如重复扮演妈妈离开家去上班的情节，或者妈妈下班回到家的情节，以克服和舒缓妈妈不在身边时的分离焦虑。

（二）发展语言，健全人格

在戏剧活动过程中，婴幼儿可以不断地在实际情境中使用语言。随着戏剧活动的开展，所有的表达都必须配合戏剧活动的情境和所扮演角色的需要，词汇的使用，声调和语气的控制与变化，脸部表情与手势动作的调整等都是婴幼儿需要不断思考的内容。融入这种综合多元的语境正是发展语言的极佳方式。

假装游戏或角色扮演类的戏剧活动可以让婴幼儿在不同的情境中把自己想象成他人，重新体验他人的生活、面对他人的问题。在与玩伴互动后，又能帮助自己了解他人的感觉、情绪和态度等。在扮演的过程中，婴幼儿可以学习从他人的角度看待事情，是产生同理心、学会关怀和体谅他人，培养健全人格的有效途径。

（三）提升社交技巧，创意想象

在进行自发性戏剧游戏时，婴幼儿可能会因为个别同伴的生活经验与所持观点不同而产生冲突。为了维持活动的进行，婴幼儿必须站在不同的角度思考和面对问题，并慢慢学会运用等待、分享、轮流、接纳、沟通、交换等社交技巧来解决问题。[1]

0~3岁是婴幼儿对周围环境探索、发现和学习的关键时期。尤其是进入2岁之后，婴幼儿开始进入象征性戏剧活动。婴幼儿开始运用想象，并通过肢体、口语和行动假装扮演某一类人物或事件。想象和创造是戏剧活动的基本特征。在开展戏剧活动的过程中，婴幼儿常常能跳出时间和空间的限制，把自己投射到另外一个生存空间与其他人物的生活中。当他们充分发挥想象力时，即使面对不存在的事物也能通过心中的臆想，假装真的看到、听到、闻到、吃到、触摸到、感受到想象的事物。

第二节

0~3岁婴幼儿戏剧活动的常见类型

0~3岁的婴幼儿慢慢学会运用身旁的实物、简单的道具进行即兴创作的戏剧活动。如小女孩常与手中的玩偶对话，甚至假定自己是玩偶的母亲，对玩偶进行喂水、盖被等即兴而发的戏剧活动。小男孩常挥动手中玩具，使出一招一式，想象自己是除去坏人的大英雄。这一年龄阶段的婴幼儿即兴创作的戏剧活动以模仿、丰富的假想为主，戏剧冲突较简单。婴幼儿在单纯的重复的动作和语境里获得丰富的感官刺激和情感体验。

这一年龄阶段的婴幼儿以自己独有的方式，慢慢开启了探索这个世界的大门。婴幼儿戏剧作为一种综合性很强的特殊幼儿文学样式，对婴幼儿语言能力、社会能力等的发展起到了积极的推动作用。适合0~3岁婴幼儿观赏和演绎的戏剧一般为纸戏剧、围裙剧和手偶剧这几种。

一、纸戏剧

（一）什么是纸戏剧

纸戏剧源于日本昭和时代的街头表演艺术，最初是一种招揽生意的手段。卖糖果的街头艺人用自行车驮着个大箱子，里边装着有趣的故事卡片，他们一边做买卖，一边请小朋友们看木箱子里的卡片，这样的销售方式吸引着众多孩童。小朋友们一边吃糖果，一边追着自行车跑的画面也成了一道独特的风景。后来，这种特殊的表演方式经过演变和发展，慢慢成了日本独有的文化，也成了早期教育的重要手段，渐渐被世界各地的人们熟知和喜爱。

纸戏剧，即一种将图画展示与表演相结合的讲故事的形式。纸戏剧的舞台，就是一个小小的木箱子，里面一般放置8~12张8开大小的画片。画片的正

①林玫君．儿童戏剧教育概论[M]．上海：复旦大学出版社，2019：23.

面是图画，方便观众观看，背面是文字，协助表演者讲述。画片是可以抽换的，一般讲述完一张，表演者便抽取出来，继续下一张画片的讲述和表演。整个故事的情节便在这画片抽换的过程中推进。

（二）纸戏剧的特点

1. 图画醒目生动，舞台简洁小巧

纸戏剧是一种视觉艺术，观众通过观看画片及表演者的演绎了解故事。婴幼儿是纸戏剧的受众主体，因而，纸戏剧的画片须精心设计，画面应醒目突出、简洁明了、色彩丰富，具有直观性、趣味性，以便婴幼儿远景观看、欣赏和理解。此外，每一张画片之间还要有连贯性，能体现故事情节的跌宕起伏和戏剧的张力。图6-3是根据日本作家五味太郎的绘本《鳄鱼怕怕 牙医怕怕》制作的纸戏剧作品。

纸戏剧作品推荐

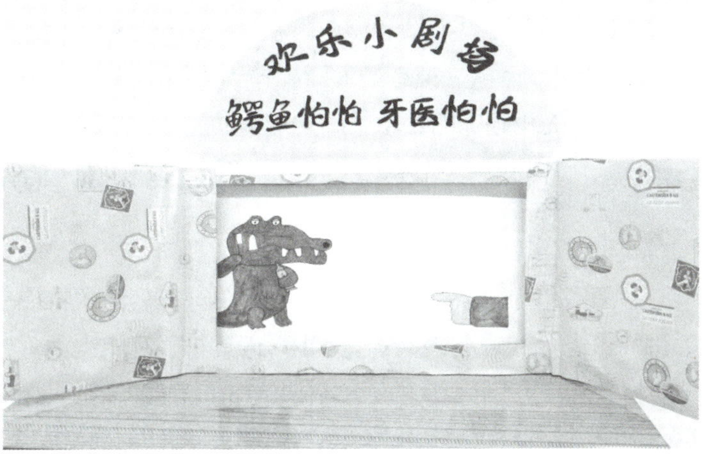

图6-3 纸戏剧作品

（图片来自北部湾职业技术学校学前教育专业白海豚剧坊）

纸戏剧是一种特殊的戏剧形式。不同于一般戏剧宽阔的舞台、开合的幕布、多彩的灯光效果，纸戏剧的舞台只是一个小小的木箱子。木箱子有三扇门，上边、左边和右边各有一扇，类似于一块小幕布；侧边的卡槽则供表演者抽换画片。缓缓打开木箱子的门，便是一个个故事王国，真可谓方寸之间装满万千世界。

2. 画片之间具有悬念性、连续性

纸戏剧的故事情节和画面往往具有连续性。每一张画片，尤其是相邻两张画片之间往往有着千丝万缕的联系，且充满悬念。装满画片的“故事盒子”，本身就充满了神秘气息，随着“故事大门”的开启，一张张充满趣味的画片出现在婴幼儿面前。表演者将一张画片演绎结束后，往往通过提问、从侧面开关抽拉画片，将一个个悬念铺开并解读，不断带领着婴幼儿解开一个又一个故事的谜题。

3.表演性强

纸戏剧的魅力更多源于表演。日本著名戏剧大师、互动型纸戏剧创始人松井纪子对纸戏剧的表演过程进行了详细的介绍,大致包含5个方面,分别为表演之前、开始表演、抽出及插回画片的方法、正式表演、表演结束。由此可见,与绘本阅读不同,纸戏剧更侧重表演,表演者与观众面对面,通过声音的传递、面部表情的变化、画片的抽换、台上台下的互动等,让观众感受故事的跌宕起伏、故事人物的喜怒哀乐,这种直观独特、综合性极强的表演方式,对婴幼儿有着强烈的吸引力。

4.与观众互动性强

松井纪子指出,纸戏剧具有“内在光源”及“独创性”两大特点。纸戏剧是“演”出来的,通过聚焦与交流的方式,使表演者与观众之间、观众与观众之间产生共感,从而体验到作品世界的丰富。①纸戏剧通过表演的方式,将跌宕起伏的故事情节生动形象地展现在婴幼儿面前。在表演的过程中,一般以对话的方式循序推进,婴幼儿可以跟随表演者的演绎参与到表演中来,时而开怀大笑,时而惊呼,时而紧张,在充满趣味的互动中感受故事的趣味,享受快乐的学习时光。

二、围裙剧

(一)什么是围裙剧

围裙剧是以围裙为舞台,利用各种造型贴布进行表演的特殊小剧场,是一种新型的讲故事的方式。在表演的过程中,道具与围裙相得益彰,再通过表演者丰富的表情、肢体语言与观众的互动,将故事情节惟妙惟肖演绎出来。图6-4是根据英国作家露丝·盖乐薇的绘本《爱笑的鲨鱼》制作的围裙剧作品。

图6-4 围裙剧作品

(图片来自北部湾职业技术学校学前教育专业白海豚剧坊)

①松井纪子.纸戏剧表演法Q&A[M].蔡越先,译.北京:北京联合出版公司,2017:4-7.

(二)围裙剧的特点

1.动感有趣

婴幼儿天生具有好奇心、探索欲,容易被新鲜有趣的事物吸引。围裙剧的表演形式灵活多样,趣味性强,除了围裙上各式各样的小玩偶造型,在故事表演的过程中,往往还配有与情节发展相吻合的背景音乐。表演者双手灵活拿取道具,将不同的角色通过声音惟妙惟肖地演绎出来,可谓妙趣横生,婴幼儿的视觉、听觉被全面刺激,从而在与表演者、与环境、与剧中故事的相互作用中获得直观的、快乐的文学享受和情感体验。图6-5是根据作家格雷涅茨的绘本《月亮的味道》制作的围裙剧作品。

图6-5　围裙剧作品

(图片来自北部湾职业技术学校学前教育专业白海豚剧坊)

围裙剧作品推荐

2.“机关”众多

围裙剧的“机关”,即围绕故事情节、角色形象设置的各类场景、道具等,种类较多,它们一般放置于围裙的口袋里。每一个造型放置的位置、拿放的顺序都会事先做好合理的安排,以便表演者能按照故事发展的线索准确拿取。随着故事的发展,“机关”一道道开启,神奇的角色一一登场,表演者将其粘贴在事先设计好的位置,一场故事的盛宴便开启了。

3.综合性强

戏剧是一门综合性极强的学科。围裙剧作为婴幼儿戏剧中的新兴表演形式,集合了文学、音乐、手工、舞蹈等多个领域的内容,婴幼儿无论是在欣赏或实际操作的过程中,都能够得到视觉、听觉等多个感官的体验,还能得到美的熏陶,对婴幼儿的语言、艺术、科学等多个领域的学习都有良好的促进作用。围裙剧以其综合性极强的特质,妙趣横生的演绎方式,赢得了无数婴幼儿的喜爱。

三、手偶剧

（一）什么是手偶剧

手偶剧，即将各种事物造型小玩偶套在手上，以此代替角色进行故事讲述和表演的方式。手偶种类丰富，从材质上看有木质、布料、纸质、毛绒等，从角色看有人物、动物、卡通等。手偶对婴幼儿来说是不可或缺的游戏玩具。皮亚杰的认知发展理论指出，0~2岁的婴幼儿正处于感知运动阶段，2岁后是前运算阶段的开始。在感知运动阶段中，婴幼儿往往依靠感知动作适应外部世界，在视觉和抓握之中探索外界环境，用抓、敲、推、打等多种手部动作认识不同的事物。进入前运算阶段后，婴幼儿开始出现直觉思维，逐渐学会运用表象符号代替外界的事物；喜欢模仿，具有泛灵性，即万事万物都被婴幼儿赋予了生命特质。这一时期，象征性游戏大量出现了，手偶剧也成为0~3岁婴幼儿重要的娱乐和学习方式。

（二）手偶剧的特点

1. 形态逼真，可操作性强

手偶剧所运用到的手偶，往往色彩鲜艳、形态逼真，符合婴幼儿的欣赏水平。表演者在演绎相应的角色时，可以根据剧情发展控制手偶的动作、方位等。有些手偶的嘴巴可开合、翅膀可张开，因此表演者还可使手偶做出走路、跑步、飞翔、摔倒等动作，讲述时再配上不同音色、丰富的面部表情，故事便鲜活起来了。

图6-6　手偶

2. 趣味性和游戏性相结合

0~3岁婴幼儿戏剧活动常常以简单的自发象征性游戏为主。象征性游戏是将知觉到的各种事物，用它们的替代物进行表征的游戏形式。手偶剧也可看作一种具有鲜明戏剧特点的游戏。婴幼儿通过操纵手偶和想象，将自己代入不同的角色进行对话交谈，无意中完成了一场故事表演。

3.场地灵活，以即兴表演为主

手偶剧运用的道具轻便，方便放置和收纳，因而表演的场地极其灵活。无论是户外的公园，家中的地板、沙发，都可成为手偶剧的表演场地。成人和婴幼儿的表演皆以即兴为主，并没有场地和时间的要求，主要以婴幼儿的状态为主，他们自编、自导、自演，在有趣的手偶剧中体验和感受不同的生活经验，并将自己的已有生活经验进行再加工和创造，促进自身语言能力、想象能力、创造能力的发展。图6-7为妈妈与幼儿在家中玩手偶游戏。

图6-7　妈妈与幼儿玩手偶游戏

手偶剧作品推荐

各种戏剧活动都离不开优美的文学语言。婴幼儿通过观赏、参与形式丰富的戏剧活动，感受语言在戏剧形式中被再度创作。语言被再度创作我们称为语言的“二次创作”。婴幼儿借助文学语言的二次创作，通达审美领悟的路径，开启心灵的智慧。

本章回顾

本章阐述了0~3岁婴幼儿戏剧活动的特点及意义。0~3岁婴幼儿的戏剧活动，主要以自发即兴为主、以扮演游戏为主、以游戏过程为主、以日常生活经验为主。在此基础上，详细介绍了0~3岁婴幼儿戏剧活动的3种常见类型：纸戏剧、围裙剧和手偶剧，分析了这3种特殊的婴幼儿戏剧活动的特点。

思考与练习

简答题

1.简述0~3岁婴幼儿戏剧活动的主要特点。

2.简述戏剧活动对0~3岁婴幼儿身心发展的重要意义。

围裙剧作品推荐

3. 简述纸戏剧的主要特点。

4. 简述你对围裙剧的认识。

5. 简述纸戏剧、围裙剧、手偶剧的异同。

实操训练

1. 为婴幼儿创编一个围裙剧。

2. 自制手偶，并创编一个适合婴幼儿观赏的手偶剧。

3. 搜集常见的婴幼儿戏剧，并在实践活动中加以运用。

4. 小组学习活动：创编一个纸戏剧，在班级内展示分享。

推荐阅读

1. 松井纪子. 纸戏剧表演法 Q & A[M]. 蔡越先，译. 北京：北京联合出版公司，2017.

2. 林玫君. 儿童戏剧教育活动指导——肢体与声音口语的创意表现[M]. 上海：复旦大学出版社，2016.

3. 吴巍莹. 围裙剧课程建构的可能性：理念和实践[J]. 东方娃娃(保育与教育)，2019(4)：24-26.

4. 吴巍莹. 从“美育”的视角探讨“围裙剧场”的价值与功能[J]. 今日教育(幼教金刊)，2019(1)：23-26.

5. 王旭. 儿童戏剧工作坊模式研究[J]. 戏剧文学，2018(11)：81-86.

6. 李敏. 纸戏剧“活”起来——东方娃娃纸戏剧工作坊[J]. 东方宝宝(保育与教育)，2015(10)：33-34.

第七章
婴幼儿 STEAM活动

婴幼儿的语言发展与STEAM活动密切相关。婴幼儿时期有很多与科学、技术、工程、艺术和数学相关的学习活动，如搭建积木、滑滑梯、玩球、荡秋千等。STEAM活动，能帮助婴幼儿理解与积累大量的STEAM词汇，不断提高其词汇运用水平。教师通过提出开放性问题、给出提示、引出新词汇、示范社交语言、点评等方式促进婴幼儿的倾听、语言理解和表达能力的发展。

学习目标

1. 理解STEAM的含义以及STEAM活动的特点。

2. 了解STEAM活动对婴幼儿发展的意义以及STEAM活动与婴幼儿语言发展的关系。

3. 掌握教师在STEAM活动中的角色定位，能根据婴幼儿的年龄特点设计与实施STEAM活动。

学习重难点

学习重点：理解STEAM活动的特点以及教师在STEAM活动中的角色定位。

学习难点：深入理解STEAM的含义以及如何设计与实施婴幼儿STEAM活动。

思维导图

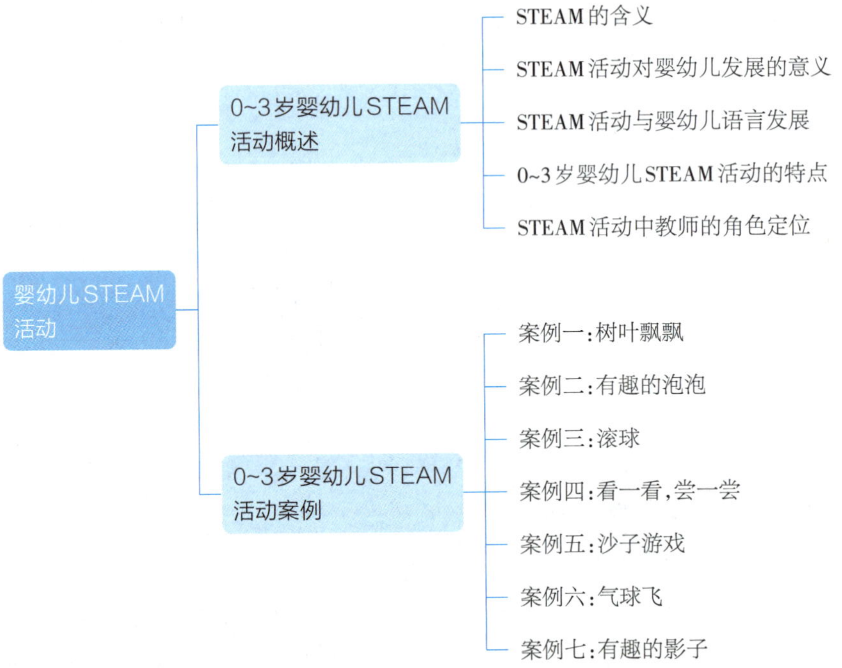

第一节

0~3 岁婴幼儿 STEAM 活动概述

小水洼真有趣

一个夏日的雨后，操场上有一个一个的小水洼。小博是一个1岁半的小男孩，来到操场玩，对地面的水洼产生了极大的兴趣。一开始小心翼翼地走在水洼上，然后在水洼里踏动着双脚，啪嗒啪嗒踩起了水。接着又到干的地面试了试，最后又回到水洼里继续踏，好像在体验它们的不同。过了一会儿，小博用单手、双手在水洼里挥动着，一会儿又在水比较少的地方进行探索。如此反复，乐此不疲。

这就是孩子生活中的STEAM活动。什么是STEAM活动？婴幼儿STEAM活动有什么特点？教养者如何为婴幼儿提供支持，如何设计婴幼儿STEAM活动？本章将围绕这些方面展开论述。

一、STEAM的含义

STEAM是一个首字母缩写词，由科学（Science）、技术（Technology）、工程（Engineering）、艺术（Arts）、数学（Mathematics）的英文首字母组合而成，是科学、技术、工程、艺术、数学多学科融合的一种综合教育以及超越学科的教育理念。

科学是关于“是什么”“为什么”的知识，以及获取知识的过程和方法，是指对世界如何运转形成解释的过程，以及提出一些有用和强有力的科学理论的过程。科学是对自然世界的研究，既是一个随时间累积的知识体系，也是一个产生新知识的科学探究过程。科学知识影响工程设计过程，是工程设计的基础。对于婴幼儿来说，科学是持续的好奇、寻找答案与求知的过程，是婴幼儿在思考，在做事情的过程。

技术是有关“做什么”“怎样做”的方法和技巧，以及相应的工具和产品，包含人员、组织、知识、流程、用于创造和操作的技术工具或设备的整个系统，是科学或工程的产物。许多现代技术都是科学或工程的产物。技术工具也被用于科学及工程领域，让婴幼儿了解技术的发展过程，知道应当如何使用技术对自然环境进行改造，以满足人们的现实需要。

工程是运用科学知识、数学知识以及技术工具进行设计、解决问题、制作产品的过程。工程基于项目，整合了多门学科的知识，与婴幼儿的生活相关，激发婴幼儿解决问题的兴趣。工程设计是把科学与数学原理系统地、创造性地用于实践的结果。

数学是对数量形的关系和模式的研究，被广泛运用于科学、技术和工程中，是解决以上问题的工具。良好的数学素养帮助婴幼儿在发现、表达、解释和解决多种情境下的数学问题时进行分析与推断。

艺术是人文、语言、美术、音乐和社会元素的集合，集中了精致艺术、人文艺术等诸多内容。关注艺术素养的培养，要强调以艺术的角度理解和解释世界。

这5门学科不是孤立的，而是存在着密切的内在联系。

STEAM教育理念研究的兴起，是人们寻求优质教育理念对国家人才培养影响的结果，被认为是培养科技人才和创新意识的重要途径。STEAM教育不仅影响着高等教育和基础教育，也深刻影响着早期教育。STEAM教育并不是将科学、技术、工程、艺术和数学5类学科简单叠加，而是使它们彼此之间实现有效融合，成为一个有机的整体，并以真实问题解决为任务驱动，在实践中应用知识、获得知识，培养和提高婴幼儿的问题解决能力、复合思维能力和创新思维能力。

STEAM教育所涉及的学习者对科学与数学原理的理解，工程技术的运用，以及艺术美的感悟，都不能离开语言在其中的传达。规范、简洁、准确是STEAM活动对语言能力的要求。在早期教育中引入STEAM活动，正是为婴幼儿时期语言教育引入另一种理念，即培养逻辑思维能力。此能力与戏剧活动中语言所启发的情感领悟相映成趣。STEAM教育诉诸理性思维语言的发展，而戏剧活动则诉诸语言审美的智慧。

二、STEAM活动对婴幼儿发展的意义

（一）有助于婴幼儿大脑和认知发展

0~3岁是婴幼儿大脑发育最快、最关键的时期。在人生的前3年，大脑的可塑性比生命中其他任何阶段都要高。大脑发育不单单是重量的增加，主要是神经细胞结构逐渐复杂，神经纤维也逐渐伸长。0~3岁婴幼儿脑突触增长得最快，而突触的产生依赖于外界刺激。丰富的STEAM活动能增加婴幼儿的早期体验，刺激婴幼儿大脑发育。

根据皮亚杰儿童认知发展理论，个体从出生到成熟的发展过程中，其认知结构在与环境的相互作用中不断重构。0~2岁婴幼儿处于感知运动阶段。在这个阶段，婴幼儿通过感知觉和运动经验探索周围的世界。2岁以后，他们进入前运算阶段，思维以直觉思维为主，不断学会使用符号（如文字、特征、图片和模型）来表述物体和事件。在丰富的STEAM活动中，婴幼儿通过探索和验证自己的构想来获得知识并建构学习，能促进认知水平的提高。

（二）有助于提高婴幼儿动手操作能力

婴幼儿对周围世界充满了好奇，他们通过动手操作的亲身体验来发现和探索世界，而婴幼儿的这些需求都能够在STEAM活动中得到最大的满足。在STEAM活动中，婴幼儿最初通过自己的感官探索未知的事物，好奇地用手触摸和把玩每一件新鲜事物，以探索它们的玩法。当婴幼儿逐渐长大，变得更加独

立的时候，他们会努力够到自己喜爱的物品，通过反复操作来进行探索。教师根据婴幼儿需要提供丰富的材料，为婴幼儿探究提供充足的支持，借助情境设置以更加直观的方式将问题展现在婴幼儿面前。婴幼儿在宽松的环境中，在好奇心的驱使下进行自主的探究，动手操作能力得到快速发展。

（三）有助于培养婴幼儿自主探究精神

STEAM 活动趣味性较强，能促使婴幼儿积极主动地参与到活动中，增加探索学习的主动性。STEAM 活动以问题为导向，围绕婴幼儿感兴趣的问题展开。教师在活动中扮演支持者与陪伴者的角色，为婴幼儿提供丰富的材料、自由探索的空间与适时的引导。教师不干预婴幼儿的行为，鼓励他们按照自己的想法不断尝试，体验经过自我探索而成功解决问题的喜悦，为婴幼儿继续探索提供了心理支持。婴幼儿自由尝试解决问题的过程正是自由探索的过程。通过多次活动，婴幼儿的自主探究精神被逐渐培养起来。

（四）有助于提高婴幼儿问题解决能力

STEAM 活动围绕生活中实际问题开展，其活动环节紧扣核心问题。活动前，内容选择多来源于婴幼儿实际生活中遇到的问题。活动开始之初，结合婴幼儿学习特点，根据实际问题设置情境，模拟现实生活进行解决问题，利于他们快速进入情境，围绕问题进行探究。活动过程中，婴幼儿借助丰富的材料进行自主的探究尝试，直至找到解决问题的途径。婴幼儿解决问题的能力在动手、动脑的过程中逐渐提高。

（五）有利于促进婴幼儿的融合发展

STEAM 活动注重保护婴幼儿的主动性，鼓励婴幼儿在活动过程中充分调动自己的生活经验，综合运用STEAM 知识与技能，独立或合作进行计划、探究、解决实际问题。婴幼儿在STEAM 活动的过程中，积极地整合多领域的经验，满足自身认知、情感、社会性以及人格发展的需要，促进核心素养的发展。与此同时，有助于婴幼儿在知识经验与生活世界之间，以及在不同领域的知识经验之间建立起一定的联系。

三、STEAM 活动与婴幼儿语言发展

（一）语言有助于婴幼儿理解STEAM 活动

语言能够帮助人类组织思想、解决问题、理解世界。在婴幼儿时期，有很多与科学、技术、工程、艺术和数学相关的学习活动，如搭建积木、滑滑梯、玩球、荡秋千等。一些STEAM 概念，比如因果关系、推拉、运动、空间等，婴幼儿很容易在游戏中观察和体验。在STEAM 活动中，婴幼儿通过语言描述在活动过程中所见、所听和所做的事情表达自己的想法。婴幼儿通过自言自语以及同伴间、

亲子间、师幼间的交流和对话，把词汇、STEAM概念与游戏联系起来，促进对STEAM的理解。例如，一个孩子在玩球时自言自语："我要用力一点，把球踢得更远一些。"在这个过程中，孩子不仅能积累"轻""重""近""远"等词汇，而且能探索并理解踢球力度大小和球运动远近之间的关系。感官经验在这个过程中凝结为思辨，造就理性的基因。

（二）STEAM活动促进婴幼儿语言发展

良好的互动能强化婴幼儿学习语言的能力，促进婴幼儿语言技能的发展。STEAM活动可以帮助婴幼儿加深对基本概念的理解。在活动中，教师与婴幼儿交流对话，使用"上""下""左""右""里""外""中间""大""小""快""慢""轻""重""光滑""粗糙""滚动""滑行""形状""高度""重量"等词汇。这些词汇是人类对客观事物高度的概括，体现人类特有的思维形态。STEAM活动能帮助婴幼儿理解与积累大量的词汇，不断提高他们的词汇运用水平，促进其思维发展。

四、0~3岁婴幼儿STEAM活动的特点

（一）跨学科

STEAM 教育是跨学科的，即两个或多个学科之间的结合，同时保留了学科自身的独立性和差异性，把这5个学科结合在一起，这不仅因为科学、技术、工程、艺术和数学本身的重要性，也在于这5个学科之间有着内在联系①。在现实生活中所遇到的实际问题，没有哪一个可以靠单一学科就能解决的，因此，跨学科学习更符合婴幼儿的发展需求。STEAM活动打破了学科和领域的壁垒，将多个学科和领域进行整合，根据婴幼儿的兴趣与需要，分析婴幼儿的能力，帮助婴幼儿活化多方面的经验，进行有机的链接。

（二）整合性

《3—6岁儿童学习与发展指南》中明确指出："以为幼儿后继学习和终身发展奠定良好素质基础为目标，以促进幼儿体、智、德、美各方面的协调发展为核心"，应该"关注幼儿学习和发展的整体性"，"注重领域之间、目标之间的相互渗透和整合，促进幼儿身心全面协调发展，而不应片面追求某一方面或几方面的发展"；"理解幼儿的学习方式和特点"，"创设丰富的教育环境，最大限度地支持和满足幼儿通过直接感知、实际操作和亲身体验获取经验的需要"。婴幼儿的学习与发展是一个整体，如果将各个学科领域的知识人为地孤立出来开展教学，不利于婴幼儿身心协调的发展。STEAM活动非常强调整合性，强调教师引导婴幼儿时用一种整合性的思维，以全域的视角来看待问题，综合以往的知识经验解决实际问题，使婴幼儿学到较为全面的内容。例如，婴幼儿在探究自然

---

①胡英慧.学前儿童STEAM教育课程设计及案例研究[D].长春：东北师范大学，2018:11.

时，常常会注意到形状、大小、样式等数学因素，使用工具观察、试验、测量，从而自然地与数学和技术教育整合起来，在探究中产生许多工程活动，如积木建楼房、搭桥等。[①]除了学科领域的整合，STEAM活动还从内容、形式等方面实现整合。STEAM活动强调以婴幼儿的发展为出发点，幼儿园、家庭与社区教育进行统合，将活动空间由室内延伸到室外，由园内延伸到园外，打破空间壁垒，将照护机构与家庭、社区进行链接，实现多地域整合。此外，STEAM活动由主题项目向活动区延伸，将项目中的STEM和区域、生活、游戏中的STEM整合在一起，促进婴幼儿整体发展。

（三）情境性

婴幼儿的学习与实际生活联系紧密。从出生开始，婴幼儿聆听身边的各种声音，观察周围的世界，通过与环境的互动进行探究性学习，获得知识和经验。STEAM活动内容与婴幼儿生活相联系时，对婴幼儿来说是最有效的学习，远离实际生活经验的内容无法引起他们的兴趣及探究的欲望。婴幼儿往往还不能区分现实和想象。通过观察乌龟，婴幼儿发现实际生活中的乌龟和故事中的乌龟不同。真实的经验可以激发他们区分现实和想象。所以，在开展STEAM活动时，要以婴幼儿的实际生活经验为基础选择活动内容。要为婴幼儿提供真实的情境和丰富的材料来探索，让婴幼儿参与其中，从而激发起其内在学习兴趣。只有基于真实情境才能促使婴幼儿的学习目标与已有的生活经验建立起联系。同时，在真实情境中开启深度学习，问题要有一定的挑战性，以促进他们在原有基础上获得新的发展。例如，如孩子想吃糖果罐中的糖果，但是糖果罐的盒盖难以打开，教师可提出“你能通过什么办法把盒盖打开来吃到里面的糖果”的问题，即在真实情境中将问题抛给孩子。同时，提供丰富的材料（筷子、勺子、手套等），和他们共同探索其中的奥秘。多数孩子的第一想法是直接用手打开盒盖，但发现盒盖太紧无法打开。当手用力抠盖子感觉到疼时，他们会戴上手套继续用力。经过多次材料的选择与不同方式的探索，最终有的孩子通过将铁勺子的柄卡在糖果盒与糖果盖子的缝隙中轻轻撬的方法，顺利打开了糖果盒。在婴幼儿掌握了这种方法之后，教师和婴幼儿共同探索其中的奥秘：杠杆中支点与力臂之间的关系。

（四）趣味性

趣味性是驱动整个STEAM活动进行的推力。对婴幼儿而言，趣味性强的活动能激发他们的学习动机，增强学习效果。婴幼儿注意力持续时间短，容易受外界事物的影响，富有趣味性的STEAM活动能吸引他们持续探索。STEAM活动的趣味性不仅体现在活动形式上，还体现在内容的选择上，选择婴幼儿感兴趣的STEAM活动内容能够激发其兴趣。例如，“跟踪影子”活动巧妙地将活

①赵中建.美国中小学STEM教育研究[M].上海：上海科技教育出版社，2017:29-34.

动形式与活动内容紧密联系起来。影子具有“欺骗性”，能够变换形状，改变位置，婴幼儿对影子感兴趣，喜欢探索影子在何时何地出现以及出现的条件，因此可以将婴幼儿的兴趣和STEAM活动的教育目标结合起来。

（五）经验性

婴幼儿的学习是以直接经验为基础的。婴幼儿多方面经验的获得，离不开在STEAM活动中进行的尝试或探究。婴幼儿的尝试或探究是建立在一定的经验基础上的。虽然教师可以向婴幼儿提供一定的经验，但并不代表婴幼儿真正地获得经验。只有在亲历中才能获得对科学、技术、工程、艺术和数学的理解与感悟，所以STEAM活动注重婴幼儿在活动过程中获取经验，引导他们通过与外界环境的互动，进行自我构建。在STEAM活动中，婴幼儿总是在不断地实践，使经验在自己的认知结构中更好地沉淀，逐步地内化成真实经验。此外，婴幼儿也在自主尝试或探究中不断地发现问题、寻求问题产生的原因以及找到解决问题的方法，以此获取更多的经验。例如，在“沙锤沙沙”活动中，婴幼儿在借鉴教师提出的方法与经验的基础上，大胆地尝试使用不同材料制作沙锤，进行实践。婴幼儿通过自主探究的方式验证了教师的经验，并使其正式转化为自己的经验，逐步地领会使用工具、材料的技巧。

五、STEAM活动中教师的角色定位

（一）创设安全适宜的物质环境

1.提供安全的活动材料

在为婴幼儿选择活动材料时，安全是首要考虑的因素。婴幼儿主要通过感觉器官探索新事物，通常喜欢把东西放进嘴里。所以，要避免提供太小或边缘尖锐的物品（如小珠子、细小零件等），防止因误食导致气管异物而引起窒息的现象。为婴幼儿提供的材料必须安全、无毒、结实、耐用，经过严格检查后才可使用。例如，检查毛绒玩具的装饰配件是否安全，是否缝合到位；积木是否打磨光滑，有无粗糙和开裂的边缘等。在使用过程中，要经常检查活动材料的安全性，如发现有活动材料破损或其他潜在危险，要及时更换处理。活动材料需要有条理地收纳与放置在便于婴幼儿取放的地方。

2.提供丰富、适宜婴幼儿年龄特点的材料

婴幼儿主要通过使用工具或材料进行深入尝试或探究来感知事物。丰富的材料能为STEAM活动开展提供有力保障。因此，教师要做好充分的准备，尽可能提供丰富的、多样化的工具或材料，使婴幼儿有更多的选择，有助于激发他们不同的想法，触发更多的动作。在材料的提供上，要注重丰富多样与适当留白相结合，创设机会给婴幼儿寻找材料，创设机会让家长共同准备材料，在常态下支持婴幼儿的STEAM活动。同时，教师要重视工具或材料的适宜性，根据婴

幼儿的年龄特点和活动目的选择适宜的活动材料。要深入思考“孩子们如何使用这个材料来学习”“这个材料能促进他们哪方面发展”“如何鹰架他们的学习，帮助他们与已有的经验建立联系”等问题，确保提供的材料适宜。如果提供的材料不适宜婴幼儿使用，就会影响婴幼儿探索的积极性和信心。STEAM 活动从内容上划分为了物理科学、生命科学、地球空间科学、数学等内容，每一模块的内容都应提供相应的工具。这些工具在整体上予以区分，在活动操作中则要根据活动的实际需要选择和使用工具。例如在“为蛋宝宝搭窝”活动中，教师为孩子提供了树叶、树枝、棉花、小鸡、蛋壳、纸、水彩笔、纸板、订书机、剪刀、夹子、固体胶、双面胶等材料。孩子设计鸡窝并自选适宜的材料，顺利完成为蛋宝宝搭窝的任务。

（二）营造宽松愉悦的心理环境

婴幼儿喜欢在轻松、愉悦、舒适的情境中进行探究学习。当婴幼儿情绪状态良好的时候，学习效果才会更佳。婴幼儿是独特的、独立的、有潜能的，具有自我发展能力的个体。为更好地培养婴幼儿的探索和自主学习能力，教师在 STEAM 活动中要为婴幼儿提供一个轻松愉快、自由民主的心理环境，鼓励婴幼儿大胆探索，包容他们的失败，激发他们自主探究的动力和兴趣，为婴幼儿的自主学习提供有力的精神支持。

（三）提供充足的探索时间和空间

婴幼儿获取知识和经验是一个建构的过程。婴幼儿天生喜欢探索，对许多事物都很感兴趣，因此，教师要给他们提供足够的探索时间和机会。观察发现，婴幼儿探索游戏材料有自己的节奏，年龄小一点的婴幼儿会短暂把玩一个小物品，然后很快开始把玩另一个新物品，而年龄大一点的婴幼儿对自己感兴趣的物品会持续探索很长一段时间。在婴幼儿探索时，教师不要随意干扰、打断他们。然而，留给婴幼儿足够的探索空间不等于对其放任自流。在不打扰婴幼儿活动的前提下，教师可以通过提出问题引导婴幼儿进行进一步思考和探索，或是给他们一些小建议和提示，让他们继续原有的思考和探索。在时间上，教师要耐心等待，保证婴幼儿有充分的探索机会。婴幼儿进行 STEAM 活动是一个连续的过程，需要较长的时间，因此，教师须打破时间壁垒，给予足够的弹性，让婴幼儿在充足的时间内顺利完成活动。

（四）开展开放性问题设计

教师在 STEAM 活动中设计适宜的问题，引导婴幼儿积极思考，以引发婴幼儿的认知冲突，有效地激发他们的情境性学习，增强其主观能动性，有助于他们产生获取必要经验的内部动机，积极地投入到解决问题的过程中。在日常生活中，教师要用心观察婴幼儿的日常行为和在各种活动中的表现，耐心倾听他们的表达，发现他们感兴趣的有价值的问题，从而创设适合婴幼儿的，具有生活性的问题情境。教师在提出问题或创设问题情境的时候，要尽量避免单一和封闭，为婴幼儿创设真实、开放的问题情境。在婴幼儿的生活中，到处都涉及科学、技术、工程、艺术、数学等领域的内容，教师可以通过提问的方式(如“你怎么想”“你想怎么做”“你为什么这样想”等)引导婴幼儿对问题进行深入探究。在婴幼儿探究的过程中，教师仍然可以通过进一步提炼与活动相关的问题鼓励他们继续进行探究。例如，婴幼儿在搭建房子的过程中，发现房子搭到高处总是会倒塌后找教师寻求帮助。面对婴幼儿这一需求，教师提出“怎么才能让房子不倒塌”的问题，组织婴幼儿一起讨论。婴幼儿经过激烈讨论之后，他们开始了重新搭建房子的活动。

第二节

0~3岁婴幼儿STEAM活动案例

一、案例一：树叶飘飘

适合年龄：2岁以上。

活动准备：各种树叶、放大镜、颜料、颜料刷、卡纸，以及有关树叶的图书、光盘等，和幼儿一起观赏。

STEAM概念：

科学(生命科学)、技术(使用简单工具)、工程(创造新形象)、艺术(感受与表现美)、数学(数感、分类)

活动介绍：

教师带领幼儿在园所内或附近的公园一起捡落叶，引导他们观察、感知和欣赏，观察树叶的大小、颜色、形状等特征，用放大镜探究树叶结构及细节之处。根据树叶的不同特征对树叶进行归类，为树叶找朋友。玩“树叶飘飘”游戏，让幼儿把树叶抛向空中，欣赏、感知树叶飘落的动态美。让幼儿用树叶拼成日常物品，发展幼儿的想象力，激发幼儿的创造力。让幼儿在树叶上涂上颜料，然后在纸上进行按压留下印记，这样树叶的结构就比较明显。

科学内容：

一片完整的树叶包括叶片、叶柄和托叶(有些植物没有托叶，有些植物的托叶很早就脱落)。叶片上有粗细不等的脉络，叫作叶脉。叶脉分为网状脉和平行脉。网状脉相互交错，形成网状。平行脉互不交错，大体上平行分布。教师在幼儿探索树叶时可以介绍叶子是植物制造养料的地方，叶柄将叶片和叶茎相连，叶片里的叶脉可以输送水分。

技术内容：

教师指导幼儿正确使用放大镜。使用放大镜可以帮助幼儿探究树叶的细节，如不同树叶的叶脉不同。

工程内容：

幼儿用不同的树叶在纸上拼贴出不同的物体造型，如日常生活用品（杯子）、植物（花草）、动物（小猫、小兔子）等。

艺术内容：

幼儿通过肢体动作表现树叶飘落的情景，感受树叶在飘落过程中的动态美。在树叶表面涂色，然后在纸上压印，体验创作树叶印画的乐趣。

数学内容：

教师引导幼儿关注树叶的形状。叶子的形态多种多样，有椭圆形、圆形、心形、掌形、扇形、菱形等。叶子通常是对称的，叶片的一边和另一边镜面对称。

词汇积累：

树叶、一片、大、小、黄色、绿色、红色、圆形、心形、菱形、叶子、叶片、叶脉、叶柄

探究性提问：

（1）你捡到的树叶是什么颜色的，是什么形状的，是大的还是小的？

（2）树叶是怎么飘落下来的？请你模仿树叶飘落的样子。

（3）用放大镜照一照，你发现了什么秘密？

（4）怎么用树叶拼成示例图案？除了这些图案，你还可以用树叶拼成哪些图案？

（5）试一试，在树叶上涂上颜色后印在纸上，会出现什么现象？

家园合作：

家长可以带领幼儿在日常生活中关注树叶四季的变化，引导幼儿发现不同种类树叶的区别。

注意事项：

尽量避免选取带刺、多浆汁的树叶让幼儿观察，防止幼儿在观察过程中被刺伤，或因沾染树叶浆汁导致皮肤过敏。

二、案例二：有趣的泡泡

适合年龄：2岁以上。

活动准备：洗洁精、吸管、水、杯子、不同颜色的颜料、卡纸。

STEAM概念：

科学（物理科学）、技术（使用简单工具）、工程（创造新形象）、艺术（感受形态美）、数学（形状）

活动介绍：

幼儿很喜欢玩泡泡，对吹出的泡泡不断变大变多后形成泡泡团，以及光照射后泡泡反射出来的颜色很感兴趣。泡泡液的制作很简单，只需要往盛水的杯子里倒一些洗洁精后搅匀即可。通过调整吸管的角度向泡泡液吹气，可以吹出不同形状的泡泡团。张嘴对着泡泡团吹气，可以欣赏泡泡团在气流作用下“跳舞”的样子。他们也很喜欢把手伸进泡泡里，观察发生的变化。

科学内容：

幼儿用吸管往泡泡液里吹气，会产生很多泡泡。因此，他们就会认为泡泡里装满了空气。也就是说，泡泡是因为有空气才变大的。

技术内容：

引导幼儿正确使用吸管向泡泡液中吹气。同时，让幼儿控制吹气的力量，以大小适中的气流向泡泡液里吹气，成功吹出泡泡团。

工程内容：

让幼儿仔细观察吹出的泡泡团，引导幼儿掌握和实践调整吸管的角度向泡泡液吹气吹出不同形状的泡泡团的方法。

艺术内容：

吹出泡泡团后，引导幼儿观察泡泡团的形状，感受泡泡的形态美。同时，让幼儿张嘴对泡泡团吹气，观察泡泡团在气流作用下摆动的动态美。也可以引导幼儿进行泡泡画，将泡泡吹出后印在纸上，体验泡泡作画的乐趣。

数学内容：

几何是泡泡实验的主要数学内容。单个泡泡是球形的，相互连接的泡泡会形成很多形状。两个泡泡之间相连的部分形成一个平面。

词汇积累：

泡泡、泡泡团、吹气、气流、形状、颜色

探究性提问：

(1)当你往泡泡液里吹气的时候，发生了什么现象？

(2)伸手摸一摸泡泡，会发生什么现象？把手指放到泡泡水里蘸一蘸，再摸泡泡，会怎么样？

(3)想一想，怎样吹气能让泡泡看起来像一座小山？怎样吹气能让泡泡看起来像一串葡萄？还可以把泡泡吹成什么？

(4)张嘴对着泡泡团吹气，欣赏泡泡“跳舞”的形态美。

(5)泡泡是什么颜色的？从不同的角度看过去，泡泡的颜色会变化吗？

(6)试一试将泡泡放到卡纸上，有什么发现？

家园共育：

家长在日常生活中(如洗衣服、洗手时)，引导幼儿观察泡泡的形成过程和形态变化过程。

注意事项：

在幼儿吹泡泡的时候，教师可以用针在靠近吸管顶端的位置戳一个小洞，避免幼儿把泡泡液吸入嘴巴发生危险。

三、案例三：滚球

适合年龄：1岁以上。

活动准备：气排球、水彩笔。

STEAM概念：

科学（物理科学）、技术（使用简单工具）、工程（创造新形象）、艺术（感受与表现形象美）、数学（数感、分类）

活动介绍：

球是幼儿一日生活中常见的活动用品。教师可以充分利用幼儿熟悉的球类材料，引导他们探索不同球的质地、大小和玩法，丰富其感知觉。通过与同伴滚球，发展幼儿的语言表达能力及交往能力。在扔球、抛球、踢球、夹球、滚球等活动中发展幼儿的身体运动能力。在音乐游戏中，借助欢快的旋律，让幼儿体验球的上下跳动，培养其节奏感。通过在球体上涂画可爱的“球宝宝”等活动培养幼儿的审美情趣。

科学内容：

把球放在幼儿身上，让其滚动，引导幼儿感知球的特征。运动是物理科学的一种现象。物体运动速度的快慢和物体受到外力作用的大小有关。教师组织幼儿两人一组，双脚打开面对面坐下，把气排球放在两人双脚之间，然后互相滚接气排球。当幼儿熟悉滚球游戏后，教师可以增加两个幼儿之间的距离，让他们探索如何调整滚球的力量完成任务。

技术内容：

教师组织幼儿开展滚球活动，让幼儿在滚球和接球的过程中掌握基本的控球技术。

工程内容：

滚球游戏中，当两名幼儿间的距离增大后，引导幼儿探索长距离控球规律，即加大滚球的力量，同时保证击球的方向，最终顺利将球滚到小伙伴手中。

艺术内容：

让幼儿用彩色笔在球上涂画，设计出他们认为最可爱的“球宝宝”。让幼儿在涂画过程中感受和表现形象美。

数学内容：

该活动的数学内容主要与方向有关，这也是几何的一部分。球的运动方向和幼儿击球的方向一致。当幼儿用手把球向前推，球会向前运动；当幼儿用手把球向左前方推的时候，球就向左前方运动。在击球过程中，幼儿可以体验到左、左前、前、右前、右等方向的变化。

词汇积累：

球、滚动、快、慢、前、左、右、回来、触摸、碰撞

探究性提问：

(1)这是什么？它是什么样的？

(2)你能把球滚过来吗？

(3)现在距离变远了，我们怎么才能把球传给小伙伴呢？

(4)我们来画一个自己喜爱的“球宝宝”吧。

家园共育：

在日常生活中，家长可以借助圆形物体来与幼儿共同体验滚球游戏。

注意事项：

在滚球过程中，要合理设计游戏的难度。既要设置一定的难度，让幼儿积极挑战，又要考虑到幼儿的实际，让幼儿体验成功的喜悦。

四、案例四：看一看，尝一尝

适合年龄：2岁以上。

活动准备：新鲜的水果，削切水果的工具(砧板、小刀、托盘等)，放大镜，牙签。

STEAM概念：

科学(生命科学、地球科学)、技术(使用简单工具)、工程(创造新形象)、艺术(感受形态美)、数学(数感、模式)

活动介绍：

购买或采摘各种水果，引导幼儿通过看一看、摸一摸、闻一闻每一种水果，感知水果的特点。告诉幼儿水果生长的地方以及需要的条件，如阳光、空气、水、土壤和养分等。切开水果后，引导幼儿观察和触摸水果的果肉，找一找水果的种子。让幼儿品尝水果，并且对其味道进行描述。收集种子，引导幼儿观察其颜色和形状，数一数每个水果里种子的数量。把不同水果的种子排一排，形成图案。将切下来的果皮通过牙签拼接成小动物。

科学内容：

通过观察不同种类的水果，使幼儿了解水果通常由果皮、果肉、种子组成。通过触摸水果的表面，让幼儿体验物体的软、硬特性。通过闻水果的气味，让幼儿感知水果的香味。

技术内容：

引导幼儿用放大镜观察果皮、果肉的表面。

工程内容：

水果种子收集完毕后，让幼儿将水果的种子排列成不同的形状。同时，让幼儿用牙签将切开的水果、果皮等拼接成自己喜爱的小动物的造型。

艺术内容：

引导幼儿感受红、黄、绿等颜色，同时体验不同水果拼接成的小动物的形态美。

数学内容：

通过削切水果，让幼儿懂得一分为二、合二为一(一个苹果可以分成两半，两半苹果可以组成一个苹果)的概念。

词汇积累：

水果、果皮、果肉、种子、看、摸、闻、尝、托盘、刀、砧板、切、放大镜、颜色

探究性提问：

(1)看一看水果是什么样的，是什么颜色，什么形状？

(2)用放大镜看看，你看到了什么？

(3)摸一摸水果，摸上去有什么感觉？

(4)闻一闻水果，每种水果闻起来是什么气味？

(5)把水果切成两半，你看到了什么？(里面有种子)

(6)尝一尝水果，它的味道如何，是甜的还是酸的？

家园共育：

家长带幼儿前往农家乐采摘水果或去超市购物时，向幼儿介绍不同水果的名称、产地、味道等相关知识。

注意事项：

在削切水果时要注意安全，避免幼儿被削切工具割伤。在观察水果的种子时，要时刻关注幼儿，避免出现气管异物等危险。

五、案例五：沙子游戏

适合年龄：6个月以上。

活动准备：户外沙地或室内沙池，沙漏、洒水壶、小桶、铲子、推车等工具，用于沙子游戏的小模具，硬卡纸，白乳胶。

STEAM概念：

科学(生命科学、地球科学)、技术(使用简单工具)、工程(应用规律解决问题)、艺术(感受形态美)、数学(数感、形状)

活动介绍：

喜欢玩沙是婴幼儿的天性。沙子是一种能够给婴幼儿带来不同感觉体验的材料，如阳光下的沙子是温烫的，树荫下的沙子是冰凉的；沙子抓起来会从手的指间缝隙里慢慢流走，可以感受到沙子的流动性，这些体验会让婴幼儿觉得

丰富而美妙。将准备好的小模具放在室外的沙地或者室内沙池中，向婴幼儿演示如何将沙子填充到容器中，然后将沙子倒出来，形成一个模具造型。引导婴幼儿探索如何用沙子填充容器并将沙子倾倒出来，如何使用不同的工具装运沙子，以及探索沙漏速度与漏口大小的关系等。

科学内容：

在玩沙的过程中，婴幼儿接触到不同质地的沙子（如湿沙、干沙、颗粒粗细不同的沙子等），让沙子从手中流过，能体验到不同的感受。婴幼儿在玩沙的时候，会发现沙的特性，如干沙是散的，而湿沙能捏成团，能在湿沙堆里掏洞，能用湿沙塑造出不同的造型。

技术内容：

在玩沙的时候，婴幼儿用力拍打沙子或用铲子将沙子铲起，需要通过控制手部肌肉完成动作。用小推车把沙子从一个地方搬运到另一个地方，需要掌握一定的控制技巧才能保持小推车的平衡。

工程内容：

通过把沙装进沙漏进行观察，探究并理解沙漏轮子转动的速度、转动的时间与沙的数量之间的关系。装入沙漏的沙子越多，沙在沙漏中的流速越快，轮子才能转得越快，转动的时间也越久。

艺术内容：

引导婴幼儿用沙画画：用小木棍或树枝当笔，在沙面上画画。也可以在沙面上印画：教师和婴幼儿将手放在沙面上拓印出手印后，引导婴幼儿识别出教师和自己的手印。或者用模具在沙上拓印，做出海星、螃蟹、贝壳等实体形状。还可以引导婴幼儿在硬纸板上用白乳胶涂抹出自己喜欢的形状，然后将沙土撒在上面，轻轻按压，使沙子粘在纸上，胶水晾干后把多余的沙子弹掉，欣赏在纸面上形成的图案。

数学内容：

鼓励婴幼儿数一数一只小桶能装多少铲沙。准备好各种物品，比如简单的盖子、纸杯等，然后在湿沙上盖印，通过这些模具生成的造型帮助婴幼儿认识各种物品的形状和大小。

词汇积累：

沙子、桶、铲子、洒水壶、沙漏、推车、倒、转、向前、漏

探究性提问：

（1）分别抓一把干沙和湿沙，说说它们的触感有什么不同？

（2）沙子从手上滑落的时候，有什么感觉？

（3）今天我们来挖沙，我们怎样用沙子填满小桶呢？小桶已经满了吗？数一数多少铲沙子能装满一只小桶。

(4)听一听沙子倒出来时的声音，听起来像什么？

(5)把沙装进沙漏，下面的轮子会怎么样？

(6)试一试怎样让轮子转得快一些？

(7)尝试用沙子作画，看看沙子在纸上的轨迹是什么样的？

家园共育：

家长带着婴幼儿到有沙池的地方玩耍，带上铲子、塑料桶以及其他玩沙的材料和工具。帮助婴幼儿了解沙子的用途，盖高楼、修马路等都需要沙子。

注意事项：

婴幼儿在玩沙时易将沙子扬起，沙子有可能飞入自己和他人的身上或眼睛里。因此，在婴幼儿自由玩沙时，教养者应时刻注意观察并及时引导。玩沙游戏结束后，应及时做好清洁工作。

六、案例六：气球飞

适合年龄：6个月以上。

活动准备：彩色气球若干，打气筒、纸、油画棒、彩色笔。

STEAM概念：

科学（物理科学）、技术（使用简单工具）、工程（应用规律解决问题）、艺术（感受与表现美）、数学（数感、分类）

活动介绍：

气球是婴幼儿喜欢的玩具。气球很轻，轻轻往上一拍就能飞得很高，然后再慢慢落下，这对于婴幼儿来说是一件很奇妙的事情。婴幼儿对气球充满着好奇，他们喜欢将气球系在绳子上，牵着气球奔跑；也喜欢用手轻轻向上拍打气球，不让气球掉落下来。他们不但喜欢玩气球，而且喜欢看成人憋足了劲吹气球。由于年龄小，力量有限，他们自己往往无法如愿以偿地把气球吹大。教师可以把气球向上拍，并引导婴幼儿用小手接住气球向上拍，也可以捏住气球尾部，慢慢放气，让婴幼儿用手感受气流。

科学内容：

让婴幼儿体验“风”。选一只婴幼儿喜欢的彩色气球，然后将气球吹起来。吹好后用手捏住气嘴，让婴幼儿伸出小手来，将气嘴对着婴幼儿的手慢慢松开，让气流吹过婴幼儿的手和脸。根据婴幼儿的兴趣反复尝试几次，然后告诉婴幼儿这是“风”。教师可以对游戏进行升级，将气球吹起来后，数“123”然后松手使气球飞出去，并让婴幼儿找回气球。

技术内容：

教师引导婴幼儿尝试用打气筒给气球打气，掌握打气筒的使用方法。

工程内容：

教师将气球充气后扎紧，和婴幼儿一起拍球、传球，使婴幼儿掌握拍球、传球的技巧:以适当的力度和正确的方向控球,成功将气球传到对方手中。

艺术内容:

教师可以引导婴幼儿在气球上涂鸦,欣赏气球的色彩美。同时,可以组织婴幼儿用油画棒在纸上画出大小不同的气球。

数学内容:

该活动的数学内容主要与方向有关,这也是几何的一部分。当把气球往上拍,气球会上升,随后气球会下落。往不同的方向拍打气球,气球移动的方向不一样。

词汇积累:

气球、颜色、形状、风、上、下、高、低、拍、红色、黄色、蓝色、白色

探究性提问:

(1)拿到气球后玩一玩,说说你的气球是什么颜色的,什么形状的。

(2)怎么让气球飞起来?

(3)怎么让气球飞得更高?

(4)拍气球时气球会往哪个方向运动?

(5)怎么拍气球才能把气球传到小伙伴那里?

家园共育:

家长可以在六一儿童节、国庆节等特殊日子带婴幼儿外出游玩,在活动地点和婴幼儿一起玩拍球游戏。

注意事项:

给气球充气不要充得太满。过于充盈的气球容易在玩耍中爆炸,惊吓甚至伤害到婴幼儿。

七、案例七:有趣的影子

适合年龄:1.5岁以上。

活动准备:粉笔、数码相机(可选)、量尺。

STEAM概念:

科学(物理科学)、技术(使用简单工具)、工程(应用规律解决问题)、艺术(感受与表现美)、数学(数感、分类、测量)

活动介绍:

影子是幼儿熟悉且非常感兴趣的事物。幼儿常常在游戏中寻找和追逐影子。影子可以改变大小,改变位置。影子有时出现在墙上,有时出现在地面上。教师可以引导幼儿观察影子的颜色、形状,获得有关影子的具体经验。影子和光有关系,有亮光的时候,影子就显现出来;光照不到的地方就没有影子。

科学内容:

影子是由于物体挡住了光线的传播,光线不能穿过不透明物体而形成的较

暗区域。影子的形状就是遮挡光线的物体所形成的反向投影。如果幼儿举起的是右手,幼儿的影子就是举起左手。随着太阳与地球之间的夹角逐渐变小,太阳光下所形成的影子会逐渐变长。因此,影子在清晨很长,在中午之前长度逐渐变短,随后又逐渐变长,在太阳下山前又回到清晨时的长度。

技术内容:

指导一名幼儿用粉笔为同伴勾画影子轮廓,同时指导另一名幼儿用数码相机拍照记录。随后,当影子变短或变长的时候,再让幼儿用数码相机拍照记录。后引导幼儿将两张照片进行对比,发现不同时间段人的影子大小不一样的规律。

工程内容:

教师在清晨组织幼儿开展"我是小巨人"的影子游戏。引导幼儿探索并掌握"影子在清晨很长,在中午之前长度逐渐变短,随后又逐渐变长,在太阳下山前又回到清晨时的长度"的规律。

艺术内容:

在幼儿了解影子的特征后,组织幼儿开展"画影子"游戏活动。幼儿分别扮演画师和模特的角色。教师引导幼儿沿着影子的轮廓画,才能很好地画出影子的形状,体验影子的形态美。

数学内容:

教师组织测量影子活动。两名幼儿一组,一名幼儿站定,另一名幼儿用粉笔勾画同伴的影子。让幼儿勾画出一天中不同时间的影子,观察比较不同时间的影子的不同。教师引导幼儿将一天内不同时间影子的长度进行测量、对比,在观察的时候使用测量的术语,例如小、大、更长和更短。

词汇积累:

影子、长、短、黑、白、轮廓、运动、变化

探究性提问:

(1)找一找,哪里有影子,哪里没有影子?

(2)在阳光下观察自己影子的样子。影子的颜色和形状是什么样的?

(3)变换动作,看看影子的颜色和形状有什么变化?

(4)自己和影子有什么不同?在户外画影子,猜猜这是谁的影子。

(5)下午的影子和早上小伙伴画的影子相比还一样大吗?有什么不一样?

(6)让影子表演各种动作,看哪个影子的动作最优美。

(7)我们来做藏影子的游戏,请你想想怎么把影子藏起来。

家园共育:

在日常生活中,家长可以引导幼儿找影子(什么时候、什么地方、什么东西有影子),让幼儿进一步理解影子的原理。

注意事项：

引导幼儿在户外探索影子奥秘的时候，要注意选择好时段，把握好时间，避免在烈日下进行，避免长时间曝晒，防止幼儿中暑。

本章回顾

本章围绕0~3岁婴幼儿STEAM活动展开。首先介绍了STEAM的含义，对科学(Science)、技术(Technology)、工程(Engineering)、艺术(Arts)、数学(Mathematics)几个方面的内涵进行了详细阐述。同时还阐述了STEAM活动对婴幼儿发展的意义、STEAM活动与婴幼儿语言发展的关系、0~3岁婴幼儿STEAM活动的特点、STEAM活动中教师的角色定位等几个方面的内容。最后列举了0~3岁婴幼儿STEAM活动案例，以提供参考。

思考与练习

思考与练习
参考答案

一、名词解释

STEAM

二、论述题

1. 试述STEAM活动对婴幼儿发展的意义。

2. 试述0~3岁婴幼儿STEAM活动的特点。

3. 试述STEAM活动中教师的角色定位。

实操训练

1. 请根据婴幼儿不同年龄阶段的特点，设计STEAM活动。

2. 将设计的STEAM活动在实践中实施。

推荐阅读

1. 琼·G. 巴伯. 宝宝迈向STEM：0~3岁儿童的科学、技术、工程和数学活动[M]. 杜丹，刘四元，译. 南京：南京师范大学出版社，2019.

2. 莎莉·穆莫. 早期STEM教学：科学、技术、工程与数学的整合活动[M]. 李正清，译. 南京：南京师范大学出版社，2017.

3. 陈怡倩. 统整的力量：直击ATEAM核心的课程设计[M]. 长沙：湖南美术出版社，2017.

第八章
不同早期教育方案中的婴幼儿语言教育

早期教育方案是教育者在一定的理论基础上制订的关于促进婴幼儿学习与发展的教育方案。现当代社会基于改善处境不利婴幼儿养育与教育质量，进行了一系列早期教育计划或方案的完善与丰富。语言是思维发展与智力发展的表现，改善婴幼儿早期语言教育与策略，是提升婴幼儿早期教育质量的一个重要方面。现当代早期教育方案，如蒙台梭利教育、多彩光谱教育、高瞻课程都将婴幼儿语言教育作为早期教育方案中的一项重要内容。虽然它们都是在一定的社会背景和理论基础上形成的，但是其独特的教育观念与养育观念在实践中不断得到修正与改进，成为当今幼教工作者和家长借鉴与学习的典范。

学习目标

1. 熟悉蒙台梭利教育、多彩光谱教育、高瞻课程中语言教育理念的背景。

2. 了解蒙台梭利教育、多彩光谱教育、高瞻课程中语言教育的具体内容。

3. 能借鉴蒙台梭利教育、多彩光谱教育、高瞻课程中语言教育的教学策略，结合实际进行运用。

4. 树立正确的语言教育意识，形成科学的语言教养观念。

学习重难点

学习重点：熟悉蒙台梭利教育、多彩光谱教育、高瞻课程中语言教育理念的背景和具体内容。

学习难点：能借鉴蒙台梭利教育、多彩光谱教育、高瞻课程中语言教育的教学策略，结合实际进行运用。

思维导图

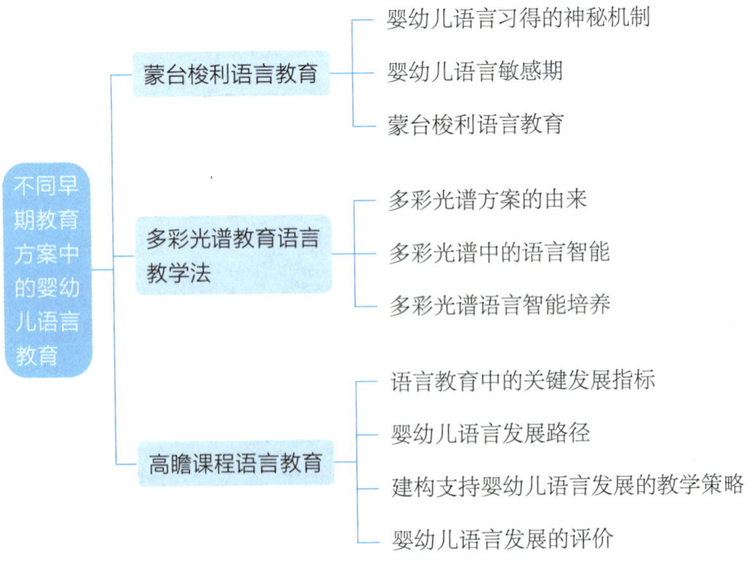

第一节

蒙台梭利语言教育

8个月的雯雯有礼貌

晚餐时间，爸爸给辛苦一天的妈妈端了一杯茶，妈妈点头微笑着对爸爸说："谢谢。"雯雯也模仿着妈妈的动作，嘴里叨叨着"谢谢"。早晨，爸爸准备出门上班，妈妈一边跟爸爸说"再见"，一边挥动着雯雯的小手，向即将出门的爸爸表示再见。

思考案例中妈妈行为对雯雯语言发展的作用。

语言教育是蒙台梭利教育的重要内容之一。蒙台梭利将语言教育分为听觉练习、口语练习、视觉练习、书写准备、语音练习、书写练习、文字与阅读，即听、说、写、读，其中"听"与"说"为口语教育，"写"与"读"为书面教育。蒙台梭利认为，0~3岁婴幼儿的大脑正处在逐步发育成熟的阶段，大脑的神经容易建立联系，具有很强的可塑性，是语言发展的敏感期。蒙氏教育认为，0~3岁婴幼儿语言教育应主要集中听说的教育，包括口语经验的积累、口语的表达及理解。

一、婴幼儿语言习得的神秘机制①

蒙氏教育认为，婴幼儿语言不是逻辑推理的产物，是自然机制的产物。婴幼儿语言机制涉及两个区域：一是与接收外界的语言有关的感觉中枢；一是与语言的输出即语言的表达和发音动作有关的运动中枢。耳朵为接收语言的听觉器官，嘴、喉、鼻子为输出语言的发音器官。语言器官的运动是以婴幼儿接收并储存在头脑中的语言信息作为基础。

在人类语言环境下，婴幼儿发出的所有语音音节是在这种语言机制的作用下发出来的，身体机能的每一部分都参与了这个机制的完善。随着这个语言机制的建立和不断完善，婴幼儿才能更好地学习和掌握自己的母语。婴幼儿语言习得从开始到完成的整个过程都是在大脑无意识状态下进行的。

婴幼儿的语言习得机制不仅作用于第一语言即母语，而且同样适用于第二语言的学习。语言习得机制发挥作用的关键因素是让婴幼儿处于语言环境之中。

---

①神秘机制，蒙台梭利认为人类语言的形成是在某种神秘的自然机制下产生的，是一种创造性的活动。运动中枢和感觉中枢是自然用来发展语言机制的一部分，它们与声音和遗传关系不大，但能利用语言激起说话运动的能力。就语言的形成来讲，除了这两种神经中枢外，还存在特殊的敏感性和动作的预备期。

二、婴幼儿语言敏感期

敏感期问题最早是荷兰生物学家德弗里斯基于长期对生物的观察研究而提出来的。蒙台梭利在与儿童长期接触过程中发现儿童的成长也存在同样的现象，于是接受了这一观点，并把它运用在人类幼崽——婴幼儿智力发展的研究上来。在敏感期内，婴幼儿具有一种强大的本能，这种本能可以促使婴幼儿做出惊人的举动。如果这种本能遭到破坏，婴幼儿就会变得软弱、没有活力。蒙台梭利认为，敏感期是指“在不同发展阶段，儿童表现出对于某种事物或活动特别敏感或产生一种特殊的兴趣和爱好，学习也特别容易而迅速，是教育的最好时机。但是，这种现象经过一定时间便随之消失”[①]。蒙台梭利认为从出生到6岁前是语言发展的敏感期，其中0～2岁是婴幼儿听的敏感期，6个月至3岁是婴幼儿说的敏感期，2～6岁是婴幼儿阅读书写的敏感期。对于0～3岁婴幼儿而言，主要为听说的语言教育。因此，应及时抓住婴幼儿语言发展的敏感期，为婴幼儿提供一个适宜的语言学习环境，这对婴幼儿打下语言学习的基础尤为重要。

（一）0~1岁的语言敏感期

1.语言建立的初期

新生儿出生的第一声哭声是其最早发出的声音。2个月大的婴儿可以从周围环境中无意识地吸收语言。3个月大的婴儿会以“各种自发的声音来表示自己身体和情绪方面的状态”[②]，如“哦”“噢”等声音表示舒服，而“唔”“嗯”代表不高兴或不舒服的状态。4个月大的婴儿还不能说话，但已经被成人的说话声吸引，会一直专注地盯着说话人的嘴唇。到6个月时，婴儿可以发一些简单的音节了，如“啊”，在听成人说话时，会表现出微笑、专注和满足的表情，这就是其对语言敏感的表现。

2.语音与动作建立联系

7~8个月时，婴儿能对特定的语音做出相对稳定的反应，并逐渐地听懂成人的指令。如听到成人说“再见”会做出摆手的动作，听到“欢迎”则会做出拍手的动作。这时候语言和动作开始建立联系，是婴儿语言条件反射建立的表现，为其进一步进行语言交流和互动提供了可能。

9~12个月时，婴儿逐渐表现出一定的语音模仿能力。婴儿开始有意识地模仿成人说话，发出模糊类似的声音。例如，妈妈张开手臂对婴儿说：“宝宝来了！”这时婴儿会边走向妈妈，边说：“来了。”

---

①吴晓丹.蒙台梭利教育思想与方法[M].2版.上海：复旦大学出版社，2018：39.

②蒙台梭利.蒙台梭利早教方案——0~3岁智力及语言系统训练全书[M].齐开霞，编译.北京：北京理工大学出版社，2013：2.

（二）1~2岁的语言敏感期

1. 真正语言期

1岁半左右的时候，幼儿能够掌握大约100个词，虽然表达还不是很清楚，却能理解成人大部分话语。逐渐的，幼儿会用语言来代替身体动作，标志着真正的语言学习开始了。幼儿会发现每个东西都有自己的名称，会从听到的各种单词中找名词，特别是具体的名词。此时，幼儿常常会用某一个具体名词来表达自己的想法，俗称“一个词的句子”。

2. 口语增长期

幼儿学习语言不是一字一句缓慢进行的，而是会有爆发期。2岁左右，幼儿处于语言爆发式发展期，例如：幼儿突然会使用长句或者分句了。

（三）2~3岁的语言敏感期

2岁左右是幼儿语言发展的一个分水岭：此前，学习语言是无意识活动；此后是有意识过程。[①]2岁半的时候，幼儿所能掌握的单词数量在200~300个。2~3岁的时候，幼儿能够使用一些句子来表达自己的所见所闻，虽然会词不达意，但是能够轻松做到一些对生活的基本表达，还会使用“因为”“所以”等连词。

三、蒙台梭利语言教育

蒙台梭利语言教育包括语言符号概念的获得与语言文字符号的学习。一是以感官教学的方式对婴幼儿进行“三段式”教学，使婴幼儿逐步获得语言符号概念，培养婴幼儿听说的能力；二是婴幼儿通过对语言教具的摆弄，初步进行语言文字符号的学习。婴幼儿通过对蒙台梭利语言教具的摆弄，为初步读写做准备。

（一）语言符号概念的形成

蒙台梭利语言教育中的“三段式”教学法较注重婴幼儿语言符号概念的形成，婴幼儿通过学习实物及其名称的方法获取符号概念。所谓“三段式”教学法，是指成人引导婴幼儿通过对物体进行命名、辨别、发音3个阶段，从而记住物体的名称或概念。通常是在两种以上的物品中进行。

1. 命名

命名，婴幼儿概念的初步习得，是建立物品与其名称或概念联系的阶段。成人一边指认物品一边说出物品的名称或概念，帮助婴幼儿建立物品与概念之间的联系。例如：成人可以与婴幼儿玩五官游戏。成人与婴幼儿面对面地坐着，成人用手指着自己的鼻子（嘴巴），并说：“鼻子（嘴巴）。”“这个是鼻子（嘴巴）。”

---

①玛丽亚·蒙台梭利. 蒙台梭利儿童敏感期手册[M]. 蒙台梭利丛书编委会，译. 北京：中国妇女出版社，2016.

2.辨别

辨别，婴幼儿所习得概念与实际物品的匹配，是辨识实物及其名称或概念的阶段。婴幼儿根据某一名称或概念，找出与名称或概念相对应的物品。例如：在五官游戏中，成人可以说：“请你指出哪一个是鼻子？”“请你指出哪一个是嘴巴？”

3.发音

发音，婴幼儿能正确地对物品的概念进行发音，是记忆实物及其名称或概念的阶段。婴幼儿能够准确说出物品的名称或概念。例如，当成人问“鼻子（嘴巴）在哪里”的时候，婴幼儿能够准确回答出“这是鼻子（嘴巴）”。如果婴幼儿能够准确说出，说明婴幼儿已经通过“三段式”教学法掌握了物体的名称或概念；如果不能说出，成人可以根据语言习得情况及时做出调整。

“三段式”教学法目标清晰，过程简单，易于操作，通过命名、辨别和发音3个阶段以一个连续和渐进的方式，帮助婴幼儿进行语言学习。“三段式”教学法让婴幼儿跟随成人指导逐步获得经验，有效避免了从第一阶段直接到第三阶段的跳跃式学习可能给婴幼儿带来的障碍。

（二）语言文字符号的学习

记录3岁小小画的第一个“2”

一天，妈妈说：“我要做法语打卡了。”于是妈妈开始在纸上写了几个法语单词，小小看到了后连忙说：“我也要写法语。”然后妈妈把笔给她没再管她。她模仿妈妈的样子，打完了卡，指着自己的涂鸦说：“妈妈，你看这里有一个‘2’。”妈妈一开始以为她在书上找到了一个“2”，她用手一指，妈妈才惊喜地发现她自己意外地画了一个“2”。

结合案例想一想，如何运用蒙台梭利语言教具，帮助婴幼儿进行语言文字符号的学习？

蒙台梭利语言教育通过为婴幼儿提供丰富的可操作的材料，为每个婴幼儿都能运用多种感官、多种方式进行探索提供活动的条件，从而创造一个真实、自然，充满语言、文字的环境，让婴幼儿自然地成长为会倾听、会表达、能书写的人。在蒙台梭利语言教育中，婴幼儿的听、说、读、写都是以感官训练为基础。如运用字母教具让婴幼儿做关于视觉、触觉、听觉和发音相结合的练习。蒙台梭利语言教育教具如下：

1.双字母砂纸板

通过视觉与触觉结合的方法，让婴幼儿学习字母的名称及笔顺，为书写做准备。

图8-1　双字母砂纸板

2.活动字母箱

一个大的木质盒子,中间被分成若干小方格,并在每个方格内放着不同的英文字母,且元音字母用一种颜色表示,辅音字母用另一种颜色表示。婴幼儿通过视觉与触觉相结合的方法,熟悉字母和认知字母。

图8-2　活动字母箱

3.拼音结构练习

练习和熟悉音节的整体认读。

图8-3　拼音结构练习

4.砂纸字母板

有大小写砂纸字母板各26块。婴幼儿通过看、触摸和听，了解字母的形状并认识字母，培养对字母的感觉，为书写做准备。

图8-4　砂纸字母板

5.偏旁砂纸板

通过触觉对偏旁部首进行认知。

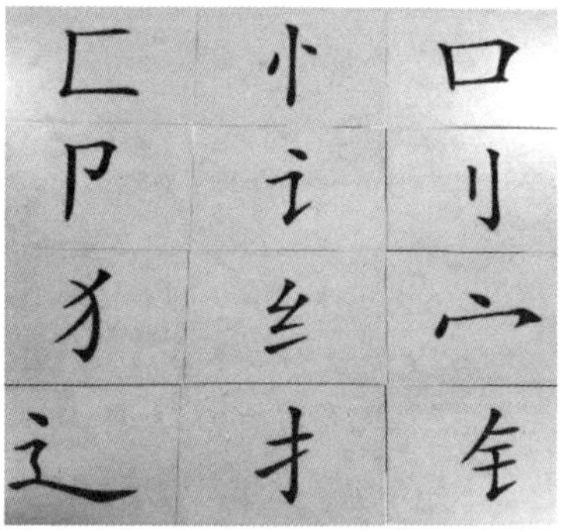

图8-5　偏旁砂纸板

6.笔画砂纸板

由横、横折、点等笔画的砂纸板组成。婴幼儿通过视觉和触觉来认知汉字笔画。

图8-6　笔画砂纸板

蒙台梭利认为婴幼儿语言习得从开始到完成的整个过程都是在大脑无意识状态下进行的。语言学习机制发挥作用的关键因素是让婴幼儿处于语言环境之中。基于此，蒙台梭利语言教育主要通过“三段式”教学法和运用语言教具，使婴幼儿逐步获得语言符号概念，以及使婴幼儿初步进行语言文字符号的学习。“三段式”教学法将思维能力的养成和语言训练结合起来，训练婴幼儿的思维，促进其语言的发展。可见，在蒙氏教育中，语言从属于思维的发展。蒙氏教具的使用是以感官训练为基础，增加了语言教学的生动性和趣味性。不管是“三段式”教学法还是语言教具的使用，都有效统一于蒙氏教育思想的“自由”“纪律”“环境”三大原则之中，须在成人指导下严格按照固定步骤有秩序进行，有效避免直接跳跃式的学习。

第二节

多彩光谱教育语言教学法

案例

《小鬼当街》

电影《小鬼当街》是由帕特里克·里德·约翰逊执导的一部喜剧电影，讲述了百万富翁卡威尔夫妇9个月大的独生子比克，被艾迪、诺比和威哥3个笨贼绑架，却意外完成了自己旅游梦想的故事。3个笨贼本想通过绑架比克获得巨额的绑架费，却被聪明的比克耍得团团转，眼睁睁地看着比克逃走，最后在比克的提示下3个笨贼被警察带走。原来比克的保姆每天都会在同一时间跟他一起阅读绘本故事：*Baby 's Day out*。比克根据*Baby 's Day out*中布布与保姆一天的游玩经历：公交车—百货大厦—动物园—公园—建筑工地—老军人中心—回到家，与3个笨贼斗智斗勇，进行了一天的“旅游”冒险，最后打败笨贼，回到父母身边。

结合案例谈一谈，早期阅读对婴幼儿语言发展的影响，以及应该如何有效利用早期阅读为0~3岁婴幼儿创设一个语言教育环境。

二十世纪七八十年代，美国教育式微，政府为提升教育质量，启动教育改革，并于1983年发布了《国家处在危险之中：教育改革势在必行》。在这一背景下，1984—1993年，哈佛大学霍华德·加德纳的“零点项目”研究团队和塔夫茨大学大卫·亨利·费尔德曼的研究团队历时10年共同致力于多彩光谱方案项目的开发与实践。

一、多彩光谱方案的由来

多彩光谱方案是基于加德纳多元智能理论和费尔德曼认知发展非普遍性理论提出来的。加德纳认为人的智能是多元的，每个个体的智能都各具特点，并将人的智能分为9种，包括语言-言语智能、数理-逻辑智能、视觉-空间智能、音乐-节奏智能、身体-运动智能、人际-交往智能、自我反省智能、自然观察智能、存在智能。[①]多彩光谱象征每个婴幼儿的智能和潜能如光谱般多样和丰富。多彩光谱方案已经发展成独特的教育方式，旨在发现婴幼儿的优势，并为提高婴幼儿的优势能力给予最大程度的发展机会，对于婴幼儿来说主要是在此方案的引导下探索，利于后期学习的循序渐进。

二、多彩光谱中的语言智能

加德纳认为语言是人类智慧卓越范例的体现，是人类社会不可或缺的智慧结晶。多彩光谱方案中的语言-言语智能是指“人对语言的掌握和灵活运用的能力”，即听、说、读、写的能力，表现为能顺利地利用语言进行描述、表达，并与人交流的能力。多彩光谱方案中的语言 - 言语智能是基于生物学角度提出来的。具备语言-言语智能的人会表现出对语音、节奏、意义、文字的敏锐感受性，以及善于通过写作来抒发感情和表达想法。语言-言语智能表现优异的人可能会成为演说家、作家，代表性人物如莎士比亚、海明威、马克·吐温等。

三、多彩光谱语言智能培养

加德纳指出，每个人具有不同的智能，如果给予适当的刺激、鼓励与指导，每个人都能发展到一定的水平。语言-言语智能的核心是运用语言进行交流的能力。成人应为婴幼儿创造一个丰富的语言学习环境，具体可以通过让婴幼儿听故事、讲故事、参与讨论与发表意见的形式展开，以激发婴幼儿语言兴趣，促进语言发展。

（一）语言的听赏：听故事

人类声音为婴幼儿语言发展提供启蒙教育，婴幼儿天生对人类的声音具有敏感性。听故事能提升婴幼儿倾听力，是启发其思维和想象力的有效途径，从而激发婴幼儿对语言的学习兴趣和表达兴趣。

（二）语言的表达：讲故事

讲故事是生动而又古老的语言技能之一，也是一种经典的教学方法。从人类文明发展的进程来看，世界各国丰富的历史、文化、信仰通常以故事的形式传承下去。短小精悍的绘本故事书往往比单纯的文字图书更丰富、生动、有趣，符合0~3岁婴幼儿语言学习的特点。因此，讲故事作为一种教学方式为广大家长与幼儿教育工作者所采用。

---

①牟映雪.学前教育学[M].北京:教育科学出版社,2012:82.

故事具有很强的娱乐效果，可以激发婴幼儿学习的兴趣和提升婴幼儿的想象力。同时，故事中的情感、节奏，语言间的细微差异以及讲故事者的音色、语调等，也能提高婴幼儿的倾听和阅读能力，为将来写作打下良好的基础。给婴幼儿讲故事的有效指导策略有：

(1)成人(包括父母、其他看护人、教师)亲自示范讲故事。

(2)邀请专门的婴幼儿故事专家辅导。

(3)成人依据婴幼儿熟悉的生活故事，已知的绘本故事或文学故事选择故事的主题。

(4)成人鼓励婴幼儿大胆讲述故事。

婴幼儿讲故事能力的培养是一个长期的过程。年龄较小的婴幼儿通常无法将整个故事讲述完整，但随着年龄的增长，婴幼儿讲故事的能力不断提高。大约1岁半时，婴幼儿能够组合包含两个词语的简单句子；1岁10个月时能够在成人的支持下，提到过去真实的经验；2岁左右时，婴幼儿在成人的帮助下可以进行简单的经验讲述，但是内容相对较少，缺乏条理性；2岁半时，婴幼儿在讲述内容的丰富度方面有了长足的进步；3岁左右时，婴幼儿在一定认知基础上，可以对简单的故事进行讲述。

(三)语言在具体语境下的解读：参与讨论

参与讨论可以增强婴幼儿的表达能力，提升语言学习的兴趣。年龄稍小还不能清楚发音的婴幼儿，当看到身边成人围绕一个问题展开激烈讨论的时候，会表现出较强的兴趣，甚至会“咿咿呀呀”参与到讨论中去。年龄较大的婴幼儿则可以通过参与讨论的形式与成人进行简短的对话，增进对语言具体语境的理解，提升表达能力。

多彩光谱教育更注重情境化，教与学的活动过程富有较大弹性，注重与实际生活相融合，亦是教师和家长常用的教学方法。人类的心灵既有理性(逻辑)和情感(领悟)两种能力，蒙氏教育和多彩光谱教育各重一端。

第三节

高瞻课程语言教育

娃娃家中的医生游戏

大大和小小是一对2岁11个月的龙凤胎。大大是哥哥，小小是妹妹。大大和小小正在玩医生游戏。妈妈走过去，小小对妈妈说：“我是医生，现在外面很多病毒，妈妈要戴好口罩才可以来医院。”妈妈边戴口罩边说：“医生，我身体不舒服，要怎么办呢?”小小说:“我来给你打一针吧，打完针就能好了。”妈妈捋起袖子，小小拿起一个有盖子的水彩笔当作针，给妈妈打了一针。

结合案例讨论，如何给婴幼儿提供有效的语言支持?

基于皮亚杰的建构主义理论和维果斯基的最近发展区理论，高瞻课程认为，主动学习是婴幼儿发展的核心，注重婴幼儿通过与人、事、物的直接互动获取学习经验，建构对现实世界的认知。在这一价值取向下，高瞻课程的语言教育是以系列语言学习的关键经验为具体内容，以“计划—工作—回顾”为基本的教学组织形式，来帮助和支持婴幼儿的主动学习，使其对周围自然和社会环境产生热情与兴趣，促进语言的发展。

一、语言教育中的关键发展指标

（一）什么是关键发展指标

高瞻课程中“关键发展指标”涵盖了高瞻早期教育的方法，其中“关键”是指婴幼儿应该学习和体验的有意义的内容，“发展”表达了学习是渐进和累积的观点，“指标”强调教育者需要证据来证实婴幼儿正在发展对于入学准备和其一生来讲都很重要的知识、技能和理解能力。[①]关键发展指标描述了儿童究竟应该做些什么，他们如何理解这个世界，以及什么样的经历对他们的学习和发展是重要的。成人则可以运用关键发展指标来指导他们观察、支持儿童，并为儿童设计活动，同时评估早期童年实践发展方面的可靠性。[②]

（二）语言教育关键发展指标的内容

高瞻课程中的语言教育，包含语言、读写和交流领域的关键经验，具体包括以下10条关键发展指标，分别是理解、表达、语汇、语音意识、字母知识、阅读、印刷品概念、图书知识、书写、英语语言学习，（根据汉语学习的具体情境，其中“语音意识”可以理解为“音节意识”，“字母知识”可以理解为“偏旁部首知识”）具体如下[③]:

（1）理解:婴幼儿理解语言。

（2）表达:婴幼儿使用语言进行表达。

（3）词汇:婴幼儿理解并使用不同的单词和短语。

（4）语音意识:婴幼儿能识别口语的不同发音。

（5）字母知识:婴幼儿辨别字母名称及发音。

---

①安·S.爱泼斯坦.语言、读写和交流:关键发展指标与支持性教学策略[M].李敏谊，李青颖，段天雪，等，译.北京:教育出版社，2018:11.

②霍力岩，陈雅川，周彬.美国学前儿童观察记录系统的评价内容、实施方法与借鉴意义[J].中国特殊教育，2015(1):63-67.

③安·S.爱泼斯坦.学前教育中的主动学习精要——认识高瞻课程模式[M].2版.霍力岩，刘祎玮，刘睿文，等，译.北京:教育科学出版社，2019:16.

(6)阅读:婴幼儿为获得乐趣和信息而阅读。

(7)印刷品概念:婴幼儿周围环境中印刷品的知识。

(8)图书知识:婴幼儿具有关于图书的知识。

(9)书写:婴幼儿为了不同目的而书写。

(10)英语语言学习:(在适用的情况下)婴幼儿使用英语和母语(包括手语)。

二、婴幼儿语言发展路径

高瞻课程中一天中最主要的部分是“计划—工作—回顾”活动,包括了主动学习的所有要素。在计划时间,婴幼儿可以根据自己的兴趣决定工作时间要做的事情,在什么地方进行,使用何种材料以及和谁一起活动,并且与教师或者其他婴幼儿分享自己的想法与计划。在工作时间,婴幼儿可以选择独自或是与他人共同来执行计划,再收拾整理。在回顾时间,婴幼儿可以与教师、其他婴幼儿或小组成员分享和讨论自己在工作时间做了什么和学到了什么。婴幼儿语言教育融入“计划—工作—回顾”的每一项具体活动当中。

(一)计划时间:我想做什么?

计划是“计划—工作—回顾”活动的开始,约为10~15分钟。计划是婴幼儿关于想做什么及具体怎么做的思考。高瞻课程中教师十分重视计划,并希望婴幼儿分享他们的计划。0~3岁婴幼儿语言交流能力有限,但他们通常可以使用行为(如拿与绘画相关的材料)、手势(如用手指向绘画区)或语言(如“我要画画”)来表达自己的计划。因此,婴儿和年龄稍小的学步儿,倾向于行为或手势表述,而年龄稍大的学步儿和幼儿,则主要为语言表述。

(二)工作时间:正在努力完成我的想法

“计划—工作—回顾”中的工作是婴幼儿将自己的想法付诸实践,并努力完成计划,达到预期的过程。工作时间通常会持续45~60分钟。与其他课程模式相一致,婴幼儿的主要工作是通过游戏活动开展的。

基于发展水平或兴趣,婴幼儿可以选择独自工作或自发组成不同规模的小组合作。在工作过程中,婴幼儿会与活动中的人或材料进行直接的互动,从而获得语言及其他方面的知识和技能的提高。

在工作时间,成人在不妨碍婴幼儿活动的情况下,适当地寻找与婴幼儿进行自然交谈的机会,有助于婴幼儿词汇的积累与表达能力的提升,帮助婴幼儿思维的发展和表达想法。

(三)回顾时间:大胆分享我的杰作

回顾是“计划—工作—回顾”过程中最后一个环节,通常为10~15分钟,紧跟在工作和清理之后。这一环节,教师应鼓励婴幼儿对自己在工作中“做了什么”和“学到了什么”进行大胆的分享与表达。这一过程会促进婴幼儿语言与思维的发展。如果婴幼儿将他的活动画下来或者写下来，能够发展婴幼儿的读写技能。

三、建构支持婴幼儿语言发展的教学策略

（一）与婴幼儿进行自然的交互式谈话

婴幼儿语言学习有赖于互动。婴幼儿通过直接与人、材料、事件、活动及想法接触，获得语言学习的直接经验，主动建构对语言符号系统的理解，实现语言的早期发展。在日常生活和游戏活动中，当成人与婴幼儿进行真正的互动对话时，婴幼儿的语言能力得到了发展。与婴幼儿进行互动交流时，一是要耐心地倾听婴幼儿表达自己的想法；二是通过口头语言积极地与婴幼儿进行互动，或通过非口头语言积极回应婴幼儿的表达，比如微笑地看着婴幼儿或点头示意等；三是遵循婴幼儿表达行为，创设婴幼儿想交流的环境，让婴幼儿保持谈话的控制权。成人在与婴幼儿进行交流时，遵循婴幼儿的行为，自然地和婴幼儿谈论其正在关注或正在做的事情，帮助婴幼儿拓展词汇量，但不主导对话。应避免采用以成人为主导的“正式会谈”，顺应婴幼儿“游戏谈话”或“无目的谈话”互动，引发对话行为的发生，激发婴幼儿交流的欲望。成人重复或回应婴幼儿说的话。因此，高瞻课程中，成人应该抓住每一个可能的机会与婴幼儿进行交流，听说结合的双向交流对婴幼儿的语言发展具有非常重要的意义。

（二）鼓励婴幼儿大胆表达，享受使用语言获得的乐趣

学步儿和年龄稍小的幼儿开始使用单个词语或包含2~3个词的短语，逐渐的，其表达会扩展至3~4个词语。这一期间，婴幼儿的口语由无法被理解逐步变得容易明白，尝试使用身体器官（嘴、舌头、牙齿与喉咙等）创造不同的声音，享受语言与声音带来的新奇感。

随着语言表达能力不断增强，婴幼儿表现出越来越喜欢与人对话，年龄稍小的婴幼儿能够进行1~2个来回的对话，年龄稍大一点的婴幼儿能对话好几个来回，并在发起和保持谈话的过程中展现出更多的主动权。

（三）提供支持性的语言材料，创设丰富的语言环境

婴幼儿早期语言教育的一个重要内容是建立口语与书面语言之间的联系，只有在多次听到并见到的基础上，婴幼儿才能将口语与书面语言联系起来。因此，成人除了为婴幼儿营造丰富、生动的语言环境，还需要创设印刷品丰富的环境。婴幼儿通过玩耍、探索的方式，有目的地直接与印刷品（如绘本故事书、漫画书、报纸等）进行接触，成人则在一旁有意识地使用并附上与印刷品相对应的口语。

婴幼儿从小就具备从图画书中提取信息的能力。当婴幼儿关注到图画书中的细节(图片的风格、内容等)及变化,并且具备区分整体与部分关系的意识时,婴幼儿的读图能力就得到了发展。2岁左右,幼儿意识到文字也能够传递信息。此时,成人阅读、书写印刷品,对幼儿初步的印刷品意识萌芽具有重要影响。这种意识可能开始于成人读书给幼儿听,或开始于其他情境中的阅读与书写行为。

因此,成人可以提供多种形式和功能的印刷品范例,如故事书、标志、标签、说明书、报纸、广告等,帮助婴幼儿接收与获取信息。

四、婴幼儿语言发展的评价

学前儿童观察评价系统(COR Advantage)是美国学前教育高瞻课程主要的评价工具。它基于观察,以轶事记录的方式收集儿童在日常生活中的真实表现,再根据观察结果进行分析并提出适宜的支持策略。与语言教育关键发展指标内容相对应,高瞻课程中语言发展评价包含表达、理解、语音意识、字母知识、阅读、图书知识、书写等10个评价项目。

高瞻课程中的评价主要关注婴幼儿“当下正在做什么,而不是寻找或是评论他或她还不能够做的事”[①],从而理解婴幼儿语言学习与发展的过程,为之后婴幼儿的学习计划与活动进行调整与反思。为了更客观地评价婴幼儿的发展,高瞻课程采用的是真实性评价,即在真实与自然的教育情境中观察和记录婴幼儿,关注婴幼儿正在做什么,如何获取学习与发展。具体来说,实施办法分为以下4个步骤。

(一)观察

观察是高瞻课程中评价婴幼儿语言发展的主要评估方法,观察者(如教师、父母、研究人员)借助语言发展评价中的7个可观察和测量的项目,将婴幼儿语言学习与发展的过程系统化、目标化。观察者每次进行观察的时间、对象、指标都不是固定的,可以依据具体观察需求和对该评估系统的熟悉程度来决定。

(二)记录

记录就是在观察的基础上,用文字或图片等显性形式来收集婴幼儿的重要行为和活动情况,将观察到的婴幼儿的具体行为表现,客观而真实地固化并保存下来。记录是高瞻课程中评估的主体部分,常用的记录方式有两种:一是轶事记录,是对婴幼儿重要日常行为进行简洁但又包含重要细节的描述;二是档案袋记录法,档案袋通常是指记录婴幼儿真实活动过程的照片、视频、录音等,以及婴幼儿在活动中创作的涂鸦、手工等美术作品。

---

①霍力岩,陈雅川,周彬.美国学前儿童观察记录系统的评价内容、实施方法与借鉴意义[J].中国特殊教育,2015(1):63-67.

（三）评分

评分是对记录的信息按照类别、项目和等级水平进行分类和评价，以反映婴幼儿当前发展水平。评价者通常可以按照0~7个等级进行记分或分级。

（四）报告

婴幼儿语言发展报告是对婴幼儿语言的发展状况进行全面、客观的分析，以便后期反思与调整。从横向来看，教养者在看护婴幼儿的同时观察其正在做的事情，并做好轶事记录，收集支撑的档案材料。然后，将轶事笔记或档案材料分类并确定相应的等级。从纵向来看，学前儿童观察评价系统的使用是一个持续的过程。根据需求，对婴幼儿语言发展周期性地进行轶事记录与回顾，并对特定婴幼儿的信息进行总结和评定，分享给有需要的父母、教师、工作人员、研究人员等。因此，通过客观、全面、连续地记录婴幼儿的日常生活，可真实且清晰地呈现出婴幼儿发展的趋势脉络，同时完整保留婴幼儿发展变化的所有过程性特点。①

高瞻课程语言教育以系列语言学习的关键经验为具体内容，以"计划—工作—回顾"作为基本的教学组织形式，来帮助和支持婴幼儿的主动学习，促进语言的发展。高瞻课程注重婴幼儿语言经验在时间和空间上的展开，兼顾听、说、读、写等技能的培养。教学方法有固定的步骤，适合教师操作。其操作考虑了婴幼儿思维能力的发展，评价亦有一定的依据指标。故从完整性的角度，高瞻课程比蒙氏教育和多彩光谱教育更具借鉴意义。

本章回顾

本章主要介绍了蒙台梭利教育、多彩光谱教育以及高瞻课程中的婴幼儿语言教育。

蒙台梭利教育认为语言学习机制发挥作用的关键因素是，让婴幼儿处于语言环境之中。其语言教育一是通过"三段式"教学法与婴幼儿互动，使婴幼儿逐步获得语言符号概念，二是通过婴幼儿对语言教具的摆弄，使婴幼儿初步进行语言文字符号的学习。

多彩光谱教育认为，语言-言语智能的核心是运用语言进行交流的能力，更倾向于将语言能力与表达、审美能力相关联，造成多元心理功能的融合。具体可以通过听故事、讲故事、参与讨论与发表意见的形式为婴幼儿创造一个丰富的语言学习环境，以激发婴幼儿对语言的兴趣，提升其语言发展。

①霍力岩，陈雅川，周彬．美国学前儿童观察记录系统的评价内容、实施方法与借鉴意义[J]．中国特殊教育，2015(1)：63-67.

高瞻课程则基于皮亚杰的建构主义和维果斯基的最近发展区理论，注重婴幼儿通过与人、事、物的直接互动获取学习经验，建构对现实世界的认知。其语言教育是以系列语言学习的关键经验为具体内容，以“计划—工作—回顾”作为基本的教学组织形式，来帮助和支持婴幼儿语言的主动学习。

思考与练习

思考与练习
参考答案

一、名词解释

敏感期　　多元智能　　关键发展指标

二、简答题

1. 简述蒙台梭利“三段式”教学法。

2. 参照多彩光谱教学活动，在生活中与日常教学中，如何有效指导婴幼儿讲故事？

3. 简述高瞻课程中婴幼儿语言发展路径。

实操训练

1. 结合生活实际，运用“三段式”教学法与婴幼儿玩五官游戏。

2. 结合多彩光谱方案，试着选择一位2~3岁的婴幼儿进行简短的故事讲述。

3. 依据高瞻课程对婴幼儿语言发展的评价，选择身边的一个婴幼儿对其语言发展情况进行有效评价。

推荐阅读

1. 玛丽亚·蒙台梭利.有吸收力的心灵[M].方补课，译.上海：上海人民出版社，2019.

2. 入山智著、崔维燕译，“小鸡球球成长绘本系列”，长江少年儿童出版社2015年出版。

第九章 婴幼儿语言能力评估

每个婴幼儿语言能力的发展都受文化背景和生活经历的影响，也有着不尽相同的历程和速率。通过语言能力评估，深入了解每个婴幼儿语言能力发展的真实水平，进而提供有针对性的教育支持，让婴幼儿语言发展得更全面、更优秀，这才是适当的语言教育。

学习目标

1. 了解婴幼儿语言能力评估的含义。
2. 了解常见的语言能力评估工具，理解评估结果。
3. 能利用现有合适的工具或自编工具对婴幼儿进行语言能力评估。

学习重难点

学习重点：婴幼儿语言能力评估的方法；婴幼儿语言能力评估的注意事项。
学习难点：能独立使用一些工具或方法对0~3岁婴幼儿语言能力进行评估。

思维导图

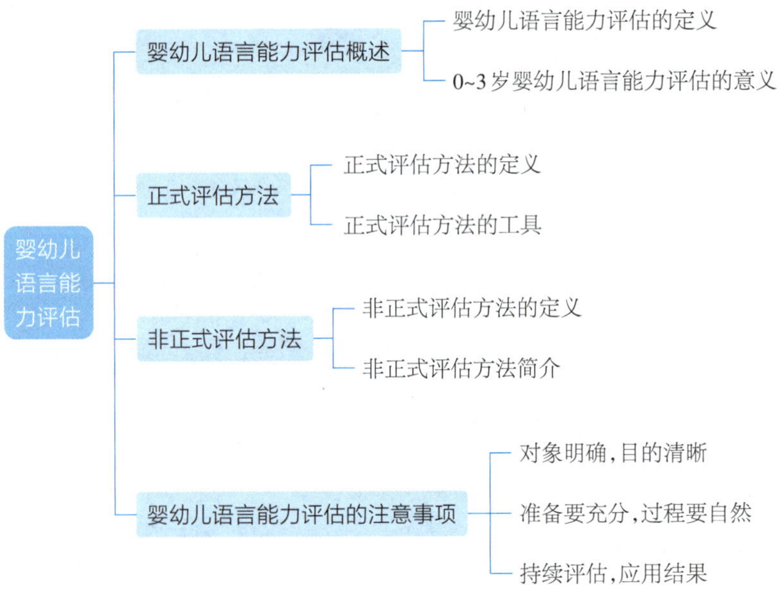

第一节

婴幼儿语言能力评估概述

小杰是个3岁半的小男孩,在幼儿园里,老师常常夸他,说他适应能力好,记忆力超级棒,会背很多很多的书,模仿能力也很强。听到老师的夸奖,小杰的妈妈真是感慨万千。原来小杰直到1岁4个月还只能无意识地发音,而且爸爸妈妈叫他的时候,他基本上不回应,甚至连看都不看爸爸妈妈一眼。妈妈是个很细心的人,她上网对照一些儿童发展的检核表,发现自己的孩子有太多项目做不到,马上就带小杰到医院进一步诊断。第一次就诊,医生的诊断是社交缺陷,给的建议是创设良好的语言和社交环境。爸爸妈妈在医生的建议下,观察小杰的喜好,尽量诱导他与人交流,多发音。小杰最喜欢和爸爸玩,爸爸也非常耐心。在爸爸的悉心陪伴下,小杰不仅对成人的回应越来越多,而且能执行爸爸妈妈的指令,与人交流的时候能用手势、表情等配合简短的语言表达自己。半年过去了,小杰2岁的时候,爸爸妈妈又带小杰到医院复检。此时的他,已经开朗了很多,并且能说5~6个字的句子了。这一次的诊断是语言发育迟缓,语言发展比同龄孩子的平均水平迟了8个月。在医生的建议下,小杰开始陆续接受语言训练,爸爸妈妈也努力配合开展家庭教育。2岁11个月,第三次复诊,小杰的语言发展进步很大,但是还没有达到此年龄的平均水平,仍需进一步干预。经过第二个阶段的专业支持,小杰3岁2个月大时,康复师告诉小杰的爸妈,可以不用再到机构进行康复训练,只需要在家时多注意创设良好的语言环境就可以了。小杰可以做好上幼儿园的准备了。

上述材料记录的是家长通过观察显性的语言发展问题现象,注意到孩子可能存在发展障碍,进而通过科学的评估手段,确认孩子早期发展存在的问题,并对症下药获得良好效果的案例。个体在成长时,如果早期遇到障碍,那么很有可能影响或阻碍其日后的发展。小杰的妈妈非常有心,她细致观察自己的孩子,敏感地发现孩子的异常,从对照检核表到带孩子去医院就诊,通过科学的评估手段了解孩子的基本情况和发展需求。正因为早发现、早诊断、早治疗,小杰从典型的语言发展迟缓幼儿,成长为能顺利进入幼儿园就读且适应良好的幼儿。

在早期教育中,如果想要帮助0~3岁婴幼儿获得更好的语言能力发展,避免出现语言发育迟缓、沟通困难等问题,教师应知道如何进行语言发展能力的评估,能够解读评估结果,并根据评估结果制订相应的教育方案。教师应该与家长合作,密切关注婴幼儿的语言发展情况,监控婴幼儿成长,并提供适当的语言教育。

一、婴幼儿语言能力评估的定义

婴幼儿语言能力评估是指为了解和促进婴幼儿语言能力的发展，评估者使用各种测量方法和工具收集与婴幼儿语言能力发展过程相关的信息和资料，如医学检查、日常观察记录、个人生长发育史、个人和家族病史、关于个人语言教育的记录等，基于对这些信息和资料的整理和分析，对被评估者的语言发展特征、发展水平以及存在问题做出判断、解释的过程。

因此，婴幼儿语言能力评估是一个有目的的过程，要基于婴幼儿发展过程的各项事实依据（语言发展往往与其他领域密切相关）进行分析综合，从而得出语言教育的决策，指导语言教育活动的开展。

二、0~3岁婴幼儿语言能力评估的意义

对于0~3岁婴幼儿来说，语言是其发展的一个非常重要的方面，是早期教育工作者和家长了解婴幼儿发展情况的一个重要切入点。因此，对婴幼儿语言能力进行评估有重要的实践意义。

（一）有助于科学、全面地了解婴幼儿的语言发展情况

有研究者发现，在现有的有关0~3岁婴幼儿学习指导文件中，有78%的文件提到要理解和尊重婴幼儿的差异。《幼儿园教师专业标准（试行）》提出，幼儿教师应具备的专业知识为“了解幼儿在发展水平、速度与优势领域等方面的个体差异，掌握应对的策略与方法”。确实，在发展过程中，个体差异不可避免。此外，每一个婴幼儿都有着独特的家庭背景、经验以及个性、学习方式，有自己的兴趣和需要，同样也有着自己的发展时间表。

因此，对婴幼儿进行语言能力评估，有助于了解婴幼儿语言发展的特点、兴趣和需要，正确对待婴幼儿的个体差异，为婴幼儿营造一个相互尊重、相互分享和相互理解的语言教育环境。

对于语言发育迟缓或存在其他语言发展问题的婴幼儿，开展语言能力评估可以尽早地发现问题所在，并对问题比较突出的婴幼儿进行重点关注，在3岁之前这个语言发展的敏感期及时进行干预，才能收到事半功倍的效果。

（二）为改进早期语言教育提供依据和指导

婴幼儿早期语言教育，实际上就是针对婴幼儿开展的一种教育性干预。要使早期语言教育有效，必须要有科学的发展评估做指导。

《中国儿童发展纲要（2011—2020年）》提出要“积极开展0~3岁儿童科学育儿指导”，《国务院办公厅关于促进3岁以下婴幼儿照护服务发展的指导意见》在基本原则部分提出“发展婴幼儿照护的重点是为家庭提供科学养育指导”。科学的养育指导需要基于准确的评估结果，清楚地了解婴幼儿的语言发展状况，包括发展水平、优弱势等，进而提供适宜的教育方案，才能使早期语言教育

活动更有针对性。因此,开展婴幼儿语言能力评估,为家长提供了婴幼儿语言发展的参照标准,帮助家长用科学的育儿知识来教养孩子。通过对教育过程中婴幼儿语言发展情况的分析,教师可以更好地衡量教育过程中各个要素的选择和运用是否恰当,并进行调整,优化早期语言教育。为婴幼儿的语言发展情况做好记录,为阶段性教育评价提供参考。

第二节

正式评估方法

小蒙是一名有多年工作经验的特教老师。当她发现自己的小儿子到了1岁8个月才会说单字的时候,感觉压力很大。她对照了平时在幼儿园使用的检核表,发现孩子除了沟通领域中关于语言的部分发展相对较弱之外,其他领域发展都还不错。可能是孩子发展的差异性吧,小蒙这样安慰自己,同时也花更多的时间陪伴小儿子,发现他对阅读非常感兴趣。但是孩子在2岁的时候,仍然只能发单字,小蒙有点沉不住气了,带孩子去医院做了检查。医生在详细地询问了孩子的出生史、家族史和成长史之后,使用格塞尔量表对孩子进行了正式评估。结果显示,除了语言能区的分数比实际年龄低一些(为轻度发育迟缓)之外,孩子的大运动、精细动作、个人–社交等能区都达到实际年龄的水平。因此,在同事的建议下,小蒙根据评估情况制订了教学计划,随后又精心挑选了一些绘本,在亲子阅读中加强和孩子的互动,记录孩子的语言行为,不断调整自己的互动策略,诱导孩子爱听、多说。孩子2岁半的时候,小蒙再次对照检核表中沟通领域的相关项目,发现孩子的语言能力已经有了明显提升,她终于放下了心里的一块大石头,可以轻松地享受和陪伴孩子的成长了。

以上材料中小蒙老师作为一名成熟的特教老师,能够根据自己的经验,利用熟悉的评估工具对孩子进行评估,再到医院进行确认。在医生确诊后,她从孩子的兴趣出发,在亲子互动中融入教学内容,并进行记录和教学调适,让孩子在语言发展的关键期得到了坚定的支持,实现了质的飞越。因此,通过各种评估手段了解婴幼儿的特点和需求,有助于为婴幼儿选择合适的教育内容和方式,促进婴幼儿的语言发展。

根据评估过程中收集资料的工具类型(标准化测验工具和非标准化测验工具),可将婴幼儿语言能力评估分为正式评估与非正式评估两大类。我们可以根据评估的主要目的来选择评估方式和评估工具。评估的方式与内容和课程规划要做到互相配合,才能真正达到评估的目的。

一、正式评估方法的定义

所谓正式评估,是指运用标准化的测验工具,按照固定的施测步骤及其他辅助的方法来收集资料,从而对婴幼儿的语言特征、发展水平及存在问题做出判断和解释的方法。

二、正式评估方法的工具

婴幼儿语言能力正式评估使用的标准化测验工具,可以分为综合性发展评估工具中的语言领域评估和语言发展专项评估两大类工具。下面我们介绍一些代表性的评估工具。

(一)综合性发展评估工具中的语言领域评估

目前国内用得较多的综合性发展评估工具有丹佛发展筛选测验、格塞尔婴幼儿发育量表、贝利婴幼儿发展量表、0~6岁儿童神经心理发育检查表等。这些工具中的语言能力测试均可从某些方面评估婴幼儿的语言能力。

1.丹佛发展筛选测验(Denver Developmental Screening Test,DDST)

丹佛发展筛选测验是美国学者W.K.Frankenburg与J.B.Dodds在美国丹佛城对该地区婴幼儿进行了大量的测试后编制的。丹佛发展筛选测验属筛选性测验,没有诊断的意义,检查对象为出生到6岁的婴幼儿,一次检查时间不超过30分钟。测试表由104个项目组成,分为个人-社交、精细动作-适应性、语言和大运动4个能区。其中语言能区的项目测试婴幼儿听、理解和运用语言的能力。

表9-1　丹佛发展筛选测验——语言能区

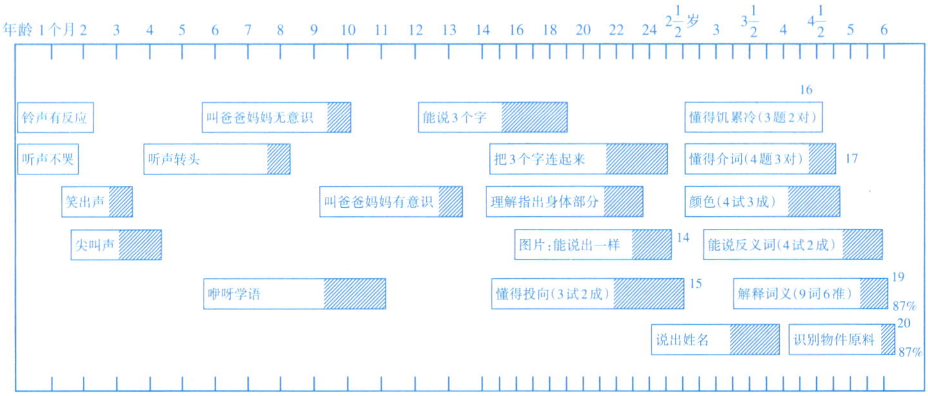

(资料来源:宋杰、朱月妹编译,《小儿智能发育检查》,上海科学技术出版社1981年出版。)

表9-1中表格最上面带刻度的横线表示的是年龄,横框表示的是测试的项目。测试前应先画下婴幼儿的实际年龄线,凡在年龄线左侧的项目出现“未通过”(婴幼儿不配合或没有机会表现出来的情况另外记录),则考虑该项目内容发育迟缓的可能性,需要进一步的诊断性检查。

2. 格塞尔婴幼儿发育量表(Gesell Developmental Schedules, GDS)

格塞尔婴幼儿发育量表适用于4周到60月龄的婴幼儿。该量表以评价中枢神经系统功能为目的,以婴幼儿的正常行为规范为基准,对婴幼儿进行客观的评定,及时发现婴幼儿神经系统的缺陷,进行早期干预。

目前国内使用的量表是1986年由北京儿童保健所牵头修订的中国标准化版本。修订后的格塞尔婴幼儿发育量表包括大运动行为、精细动作行为、适应性行为、语言行为、个人-社交行为5个能区。其中语言行为项目反映婴幼儿听、理解、表达等语言能力,如对面部表情的理解、发音、说话等。评估的时候不是简单地记录"通过"或"不通过",而是找到从"通过"到"不通过"的临界值,了解语言发展的成熟程度。根据检查者在每个行为区里评定的婴幼儿成熟水平,转化为发育商数。

表9-2 格塞尔婴幼儿发育量表测试情况(语言行为能区)

48周	词汇:能说4个字	记录:++(超过)
	理解:能找到成人所说的东西	记录:-(未达到)
52周	词汇:能说6个字	记录:+(达到)
	发音:说出难懂的话	记录:+(达到)
	书:用手轻拍书中的画	记录:-(未达到)
	理解:根据要求指物	记录:-(未达到)
	身体部位:指出一个部位	记录:-(未达到)

(资料来源:某儿童康复机构评估材料。)

如表9-2所示,通过检查时观察到的行为以及家长谈话等记录,发现一名实际年龄为72周的幼儿,其"+"号群转变为"-"号群的交接点在48~52周。根据发育商数(Developmental Quotient, DQ)=测得的成熟年龄/婴幼儿实际年龄×100,即48~52/72×100,得出其语言发育商数为67~72。通常格塞尔婴幼儿发育量表结果的定性为:边缘状态,76≤DQ≤85;轻度发育迟缓,55≤DQ≤75;中度发育迟缓,40≤DQ≤54;重度发育迟缓,25≤DQ≤39;极重度发育迟缓,DQ<25。该幼儿的发育商数低于75,考虑其语言发展轻度迟缓,需结合其具体表现进一步分析原因并制订相应的教育对策。

3. 贝利婴幼儿发展量表(第三版)(Bayley Scales of Infant Development Ⅲ, BSID-Ⅲ)

1933年贝利综合了格塞尔婴幼儿发育量表等的优点,结合加州学前智能量表、加州婴儿资料等出版了BSID,用于对婴幼儿发育迟缓的早期鉴定和对婴幼儿是否需要早期干预进行指导,并于1969年进行了第一次修订,2006年又再次修订,出版了BSID-Ⅲ。

BSID-Ⅲ适用年龄范围为1~42个月，对年龄的标准划分细化为A~Q共17个婴幼儿月龄段，具体内容分为认知量表、语言量表、动作量表、社会情感问卷和适应性行为问卷5个部分。此外，此量表还针对各个领域提供了发展指南和家长指导策略。若需要辨别婴幼儿某一方面发育的问题，如认知迟缓、语言迟缓或动作迟缓，均可单独使用子量表。

BSID-Ⅲ中语言量表用于评估语言接受能力和语言表达能力。语言接受能力评估主要评估婴幼儿是否理解词义及理解程度，对单词和请求做出适当反应的能力；语言表达能力评估用于测试婴幼儿会说话之前的交流以及词汇、语法的发展。

表9-3　BSID-Ⅲ中语言量表节选

年龄	观察项	评分标准	是否观察到
语言理解			
ABC	1.对别人短暂留意	幼儿把目光集中在某个人身上超过2秒	1　0
ABC	2.容忍被关注	幼儿能够容忍被关注并没有表现出不高兴	1　0
DE	3.当别人对其说话时，表现平静	当成人对幼儿说话时，幼儿表现平静	1　0
DE	4.对周围声音有反应	幼儿对当下环境的声音有明确的反应	1　0
DE	5.对某个人声音有回应	幼儿对某个人的声音有明确的反应	1　0
FGH	6.通过转头探索	(测试2次)幼儿有目的地把头转向声音	1　0
语言表达			
ABCD	1.无差别的喉音	幼儿能够发出柔和的、低沉的、咯咯的声音	1　0
ABCD	2.社会性微笑	幼儿对说话者的回应报以微笑	1　0
DFGH	3.用声音语气表达情绪	幼儿至少能够用语气表达出一种情绪	1　0
DFGH	4.无差别的鼻音	幼儿能够发出鼻音	1　0
EFGH	5.社会性发声或发笑	幼儿对说话者的照顾有声音或笑声回应	1　0
EFGH	6.2个元音音节	幼儿至少能发出2个不同的、清楚的元音音节	1　0
I	7.获得关注	幼儿尝试得到你或者其他人的关注	1　0

（资料来源：上海学前教育网。网址是http://www.age06.com/Age06Web3/Home/ImgFontDetail?Id=568225ab-a96e-44b6-b2a2-fc47450357a1）

由上可见，BSID-Ⅲ的评估内容比较精准和细化。在评分标准的指导下，通过运用科学而全面的方法对婴幼儿在与环境互动过程中自然发生的细微行为进行精准解读，有助于得到最接近个案实际情况的评估结果。

4. 0~6岁儿童神经心理发育检查表[①]

0~6岁儿童神经心理发育检查表是由首都儿科研究所和中国科学院心理研究所于20世纪80年代初自主研发的本土化量表，简称“儿心量表”。这份量表能够综合评估0~6岁儿童的发育水平，进行早期发育偏离、延迟以及发展不均衡的筛查。首都儿科研究所在2009—2013年对0~6岁儿童神经心理发育检查表进行了修订，目前最新的版本为2016版。修订后的量表包含大动作量表、精细运动量表、适应能力量表、语言量表、社会行为量表5份子量表。其中，语言子量表主要包含发音、理解、表达3个方面，并将视、听、姿势及手势等表达理解的语言和非语言的活动都归到语言范畴。

与格塞尔婴幼儿发育量表相比，0~6岁儿童神经心理发育检查表具有本土化优势，评分简便，易于操作。可以说，它是国内为数不多的能够测量3岁以下婴幼儿语言能力发展的量表，且信效度良好。

使用以上综合性发展评估工具之前通常需要经过专门培训。各量表均已公开发行，可通过专业的机构购买量表和配套工具。

（二）婴幼儿语言发展专项评估工具

1. 早期语言与沟通发展量表[②]

芬森等人于1993年编制了麦克阿瑟-贝茨沟通发展量表（MacArthur-Bates Communicative Development Inventory，CDI），是一种由父母报告、常模参照的语言发展评估工具，为美国说英语的婴幼儿制订的一个早期语言与沟通发展量表，在2007年被修订为CDI-Ⅱ。CDI包含两份量表，分别为词汇和手势量表（适用于8~16个月的婴幼儿）、词汇和句子量表（适用于16~30个月的婴幼儿）。前者用于评估婴幼儿的词汇理解和表达能力，还用于评估婴幼儿对手势的运用能力，后者用于评估婴幼儿的词汇表达能力和早期语法发展水平。CDI施测时间为30分钟左右，不需要专业人士施测，只需要父母或教养者（不需经过培训）按照表中所列的动作手势、词汇、语法等内容，根据婴幼儿最近的表现或正在学的内容进行确认。

CDI被翻译成多种语言版本，在多个国家被广泛应用。我国在CDI的基础上，研制出了汉语沟通发展量表、普通话量表、广东话量表。与CDI一样，汉语沟通发展量表中第一部分词汇与手势适用于8~16个月的婴幼儿，含有411个词汇，父母观察婴幼儿，对表中的词汇进行逐一判断，看婴幼儿能听懂或能说哪些词；第二部分是动作与手势，共包含43个婴幼儿在日常生活中常做的动作手势，家长根据婴幼儿的实际来判断。这一部分的内容同样适用于年龄超过16个月，但语言表达落后的幼儿。普通话量表中词汇和句子部分适用于16~30个

①见本书附录1。

②见本书附录2。

月的幼儿，含有799个词，需要家长对这些词汇进行逐一判断，看幼儿是否会说；另一部分是句子和语法，家长需要根据幼儿的情况勾选量表中难易程度不同的句子类型。句子类型越复杂，则得分越高。

汉语沟通发展量表既可用于8~30个月婴幼儿的语言发展评估，也可对语言发育落后的年长儿童进行评估，并可对语言干预效果进行评估。

2. 儿童语言发育迟缓检查法（S–S检查法）

中国康复研究中心根据汉语的语言特点，把日本音声言语医学会语言发育迟缓委员会研制的S–S法修订为汉语版的S–S检查法。

S–S检查法介绍

该量表适用于1~6.5岁语言发育迟缓儿童的语言能力检查。S–S检查法从健康儿童语言发展的特征出发，对应实际年龄，将健康儿童的语言发展分为以下4个阶段：一是事物、事物状态理解困难阶段；二是事物基础概念阶段；三是事物的符号阶段；四是组句阶段（语言规则阶段）。从语言行为的4个方面即操作性课题、符号形式与指示内容关系、促进学习有关的基础性过程和交流态度进行综合评估。因此，评估内容既有操作性的内容，也有对日常交流活动的观察，要根据年龄发展特征和语言能力来选择不同的测试内容。通过这样的综合评估，可以将被评估者的语言发育和正常儿童的语言发育相比较，从而进行症状分类、评价、诊断，了解被评估者是否存在发育迟缓、迟缓程度如何以及各个方面的发展情况。因此评估者通过S–S检查法，可以根据被评估者的语言发展阶段制订相应的教育计划，按照各个方面的水平逐步全面地改善与提高其发展水平。

第三节
非正式评估方法

在教学过程中，教师会组织一些随堂练习，或者通过提问、比赛等精心设计的活动，检查学生掌握知识的情况。这些方法很灵活，很实用，但如何使用因人而异，也没有标准的操作规程。这类在教学过程中看似随机的评估方式都属于非正式评估。非正式评估一般在施测、记分和分数解释方面都没有严格或标准化的程序。大量实践表明，非正式评估更贴近自然情境，可以为教师提供许多真实而有价值的信息，有助于教师及时调整教学策略。因此，近年来，教育界十分提倡对学生进行非正式评估。

一、非正式评估方法的定义

所谓非正式评估，是指运用标准化测验工具以外的方法来收集资料，从而对婴幼儿的语言特征、发展水平及存在问题做出判断和解释的方法。非正式评估常用的方法既包括已经形成模式的生态评估、动态评估、档案评估及实作评估等，也包括医学检查、观察、检核表、评定量表、自陈量表、问卷、访谈、调查表和教师自编测验等。

二、非正式评估方法简介

这里将介绍两种适用于婴幼儿语言教育的非正式评估方法。

（一）动态评估

一般认为传统评估（也称为静态评估），按程序进行评估，不给被试者协助，为了客观，施测者和被试者几乎没有互动，结果通常以数字呈现。因此，这样的评估往往只关注婴幼儿能够独立做什么，而无法呈现具有意义的评估过程，难以发现学习过程出现的问题，容易凭评估结果给婴幼儿"贴标签"。因此，传统评估的评估结果与教学缺乏直接关系，评估对教学无太大帮助。因此学界呼吁评估改革，强调评估要体现学习过程中的表现，于是动态评估呼之欲出。

动态评估的理论基础是维果茨基的最近发展区理论。费厄斯坦于20世纪70年代提出了动态评估的概念。动态评估强调在教学前、中、后持续地进行，并且在评估过程中，评估者与学生充分互动，提供各种形式的诱导、协助，以促使学生进行学习。因此，动态评估肯定学生的发展潜能，认可教师引导对于学生的作用，不局限于评估当下的表现水平，也不做横向的能力比较。其强调学习的过程性特点，也决定了动态评估存在于实际的教学情境中，是"评估—教学—再评估"的过程。评估和教学两者间其实无明显界限，对学生进行能力的评估，也是提升其能力的教学过程。

一般动态评估按"呈现问题—学生应对—评估者分析—评估者诱导—评估者记录"的步骤进行。评估者在动态评估中要有足够的敏感性，能在呈现问题后，通过婴幼儿的反应，分析其如何学习以及是否有改进的可能，然后依观察及分析所得，提出下一个问题，并提供各种形式的诱导、协助，以帮助婴幼儿表现出最好的发展水平。通过反复试探，记录婴幼儿所需的提示方式，也就了解了教学过程中婴幼儿需要得到什么样的支持。

案例1

多米1岁3个月的时候，已经能够用叠音或少量的词语表达自己的需求了。有一天，妈妈跟哥哥读古诗《咏鹅》的时候，发现多米每当听到"红掌拨清波"的时候，她就会积极地说“波”。于是妈妈就抱着她，重新读一遍《咏鹅》。这一次不一样的是，妈妈这样读：“鹅，鹅，鹅，曲项向天——”多米马上就接下去：“de。”妈妈读：“白毛浮绿——”多米就接下去：“zhui。”妈妈读：“红掌拨清——”多米就说：“波。”读完古诗，母子三人都非常开心，于是妈妈又重复了几次，他们在这样的语言游戏中玩得不亦乐乎。第二天，妈妈再读《咏鹅》的时候，故意只读前面两个字，如“曲项”，多米马上就能接下去“向天de”。妈妈注意到多米练习口语的特点，于是经常跟她玩接龙的游戏，从接单字到词语再到读句子。在这样轻松的互动中，不知不觉的，多米就能自己背诵一些简单的古诗了。

案例2

小健3岁的时候被诊断为孤独症谱系障碍。这一天，爸爸带他到康复机构进行咨询。老师先拿了一些玩具给小健玩，同时向爸爸询问小健的相关情况。记录下小健的相关情况后，老师观察到小健试图伸手捡一块掉在自己脚边的积木，由于地方比较窄，他钻不过去，急得小脸憋得通红。老师拉住他一直往前探的手说：“来来来。”同时把自己的腿稍微缩起来，协助他走到积木旁边。小健一边说“来来来”，一边捡起积木。爸爸当时就哽咽起来，这是他第一次听到自己的儿子清楚地说了一句话。小健想要原路返回，老师有心试探，就故意不让路。小健着急地扶住老师的膝盖。老师说：“来——”小健马上接下去：“来来来！”在小健玩得正开心的时候，老师又一次故意挡住他的玩具，小健惊讶地看着老师，随后说：“来——”从咨询的这天开始，小健开启了语言模仿学习的阶段。

案例1中多米的妈妈通过接龙的方式，逐渐减少对婴幼儿的辅助；案例2中，康复机构的老师创设情境，利用动作、口语进行提示，使得小健一步步地实现突破。在上述两个案例中，没有看到很刻意的评估痕迹，却能看到婴幼儿得到不同程度的辅助，就好像得到一个又一个的“脚手架”，获得一个又一个突破。这是因为通过动态评估可以得到以下信息：一是婴幼儿潜能发展的大致范围，如案例2中的小健能在情境中模仿单音，但不一定能够模仿词语；二是婴幼儿在具体问题上的行为表现和所需的支持，如例1中多米需要妈妈读出诗句的开头，她喜欢先学习句子里最末尾的字，因此她需要的支持是成人的示范和一定的口语提示；三是适当的教学介入策略，如案例1、案例2中教育者都通过创设情境，激发婴幼儿的动力，并提供辅助，让婴幼儿发现发音的乐趣和语言的功能。

综上所述，动态评估是“教学中有评估，评估中有教学”，能够被比较简便、灵活地应用于日常课堂活动中。

(二)检核表法

拓展阅读

宝宝出生以后,一些医院会给家长发一本婴幼儿保健手册。家长拿着这一本手册带着宝宝定期去体检,医生经过观察和询问,会在宝宝对应年龄的那一页进行逐项记录。宝宝在成长的过程中,还少不了要进行预防接种。在预防接种证的内页,列举了婴幼儿在成长过程中需要接种的各类疫苗,打完一针医生就记录一次。从宝宝体检到预防接种,这类按照表格清单进行检视、记录和分析的方法,就是检核表法。

检核表类似生活和工作中的清单。如工作清单,我们列好一天要完成的重要工作,完成一项就在此项后打钩,需要次日继续的项目,可以在其后做个标记,提示第二天继续做,一天工作的完成情况便一目了然。由此可见,检核表是一种事先规划或设计好的观察记录工具,其实就是一系列的技能列表,施测者可以比照其进行观察,应用起来非常便利、有效。

勃兰特将检核的内容分为静态描述项目和活动检核表。静态描述项目是指诸如年龄、性别、学历、家庭情况等高稳定性的项目;活动检核表则聚焦于记录婴幼儿的表现,它可以是一定时间内的行为表现情况,也可以标记婴幼儿的特定行为是否达到标准。

检核表的形式非常多。以表9-4为例,该检核表可用来观察特定时间内婴幼儿的仿说情况。观察者将仿说这一目标行为分为3个层次,即达不到、辅助、独立完成,并记录活动中婴幼儿仿说的情况。按照该表的记录,在观察时间内,小白出现了6次仿说"苹果"的表现,其中第一次达不到,第二次通过辅助能够达到,后4次都能独立完成,比较稳定,说明小白学习仿说"苹果"的效果较好。

表9-4　婴幼儿语言学习检核表

姓名:小白　　活动/教材:玩苹果树拼插玩具　　日期:2020年10月10日

目标行为	记录("-"表示达不到,"P"表示辅助,"+"表示独立完成)					
仿说"苹果"	-	P	+	+	+	+

(资料来源:南宁市社会福利院教学记录表,改编自SEEK美国展望集团教学检核表。)

再以表9-5为例,该检核表把0~5岁分成5个阶段,在每个阶段列举了各个领域内具有里程碑意义的项目,记录的是一定时间内的一串行为表现。可以使用该表来了解婴幼儿是否达到某项标准。按照该表格的项目,观察者确定好观察对象后,若婴幼儿在活动过程中表现出列举的行为,观察者便可以在该项后打"√",达不到则打"×"。由此可初步了解和评估婴幼儿沟通技能的发展情况,并且了解其能力发展的优势和弱势,据此做出教育决策。

表9-5　沟通技能核对表(John Muponda，2岁半)

阶段	1	2	3	4	5
年龄	0~6个月	6~12个月	12~18个月	1.5~3岁	3~5岁
言语	孩子会哭或发出咿呀声吗？√	孩子能重复声音并能和谐地发出咿呀声吗？√	孩子能使用有意义的声音和别人能明白的单词吗？×	孩子能使用一些单独的词，也能把两个词放在一起用吗？	孩子能把几个单词放在一起组成句子吗？ 陌生人能理解并参与对话吗？
理解能力	孩子理解基本需要如何得到满足吗？比如在饿或尿湿的情况下哭。√	在使用手势表达简单指令时，孩子能理解吗？	在没有使用手势时，孩子能服从指令吗？比如，出示身体的某些部分。	孩子像其他的同龄孩子一样能理解简单语言吗？	孩子能理解并参与对话吗？
手势	孩子会微笑、皱眉、笑吗？√ 孩子会向物品伸出手吗？√	孩子会用手指出他感兴趣的物品或人吗？×	孩子会使用与情境相联系的手势吗？如挥手表示“再见”，拍手表示“谢谢”。	孩子会使用手势让其他人为他做事吗？如在想喝水时指指茶杯。	孩子能使用手势表达出他自己的想法吗？
游戏能力	孩子对人或事感兴趣吗？√ 孩子有视线接触吗？×	孩子想要探究/玩耍物品吗？× 孩子会寻找被藏起来的物品吗？×	孩子喜欢简单的假想游戏吗？如把勺子放杯子里，假装自己吃饭。	孩子玩积木吗？ 孩子会模仿一些简单的家庭活动吗？	孩子喜欢有规则的游戏吗？ 孩子和其他小朋友一起玩假想游戏吗？
注意力	在妈妈/照顾者说话时，孩子会望向她/他吗？√	孩子会望向新的声音或事物吗？×	孩子可以参加简单的任务并且不被新的声音或事物分散注意力吗？	孩子可以长时间参与一个更困难的任务吗？如搭积木和假想游戏。	孩子在做一件事时，能听别人说话吗？
听力	孩子会对声音有反应并看声音从哪里发出来的吗？√	孩子能区分不同的声音及它们的意义吗？如狗叫和汽车行驶的声音。×	在妈妈/照顾者说话时，孩子听吗？	孩子能更仔细地听说话吗？ 孩子尝试模仿单词吗？	在嘈杂的环境，孩子可以忽略其他噪音而听妈妈/照顾者说话吗？

续表

阶段	1	2	3	4	5
年龄	0~6个月	6~12个月	12~18个月	1.5~3岁	3~5岁
轮流互动和模仿	孩子能和妈妈/照顾者轮流发出声音吗？也就是在妈妈重复了孩子的声音后，孩子能再重复吗？√	孩子会用有趣的方法重复自己的声音吗？√	孩子会模仿成人的动作或声音吗？×	孩子开始尝试重复他听到的单词了吗？	孩子可以在对话中轮流互动吗？
			孩子想要成人参与他的游戏吗？×		
日常生活活动	孩子可以抓住勺子吗？√	孩子可以咀嚼食物吗？×	孩子能自己吃饭吗？√	孩子可以自己洗手、洗脸吗？	孩子可以自己洗并擦干吗？
		孩子会用杯子喝水吗？√			
	孩子可以把食物放进口中吗？√	孩子配合穿衣吗？×	孩子会自己穿脱简单的衣服吗？×	孩子可以穿脱衣服吗？	孩子可以自己脱穿衣服吗？
			孩子开始如厕训练了吗？	孩子基本能如厕了吗？	孩子能自己如厕吗？
粗大运动	孩子能双手放在中线吗？√	孩子可以爬吗？√	孩子可以走吗？√	孩子可以随意跑吗？	孩子可以单脚跳吗？
	孩子能支撑着坐吗？√	能拉着孩子站起来吗？√	孩子跑时显得僵硬吗？√	孩子可以双腿跳吗？	孩子可以跳跃吗？
		孩子可以支撑着走吗？√			孩子可以蹦吗？
能力：记录孩子最好的方面（也就是最接近孩子年龄的），如言语、轮流互动和模仿、粗大运动。					
需要：记录孩子比较困难的方面（也就是离他年龄最远的），如注意力、听力、游戏能力、理解能力、手势、日常生活活动。					

上述两种表格皆为勃兰特所说的活动检核表。从表格记录的内容来看，利用检核表进行婴幼儿语言评估，其结果既可以用来说明个别语言行为出现的情况，也可以综合分析不同语言行为出现的情况，为了解婴幼儿语言发展整体情况提供参考。

目前国内专门用于评估语言发展情况的检核表非常少。袁萍、祝泽舟等在其联合主编的《0~3岁婴幼儿语言发展与教育》这本书中，将0~3岁婴幼儿分为0~3个月、4~6个月、7~9个月、10~12个月、13~16个月、17~20个月、21~24个月、25~30个月、31~36个月等9个阶段，因而有9个检核表。内容包括语言理解、语言表达、语言运用3个方面，每个方面都列出了在该年龄阶段具有里程碑意义的具体行为指标。如表9-6和表9-7，可以用于定期检核婴幼儿语言发展情况。

表9-6　0~3个月婴幼儿语言发展评价指标

项目	序号	观察内容
语言理解能力	1	对说话声很敏感，尤其对高音敏感。
	2	听到新异的声音会停下正在做的动作。
	3	开始将声音和形象联系起来，试图找出声音的来源。
语言表达能力	4	对养育者逗引有反应，会发出“咕咕”声。
	5	会简单的元音，会发“a”“o”“e”音。
	6	听到养育者的声音时做出反应——露出笑脸。
	7	能辨别声音发出的方向。
语言运用能力	8	有时会改变音调和音高，节奏像唱歌一样。
	9	用表情、动作、自发声音等表示自己身体、情绪方面的状态。
	10	不同类型的哭声代表不同的意思。

（资料来源：袁萍、祝泽舟主编，《0~3岁婴幼儿语言发展与教育》，复旦大学出版社2011年出版。）

表9-7　0~3个月婴幼儿语言发展观察记录表

项目	序号	第1次记录			第2次记录			平均值
		达到 计5分	基本达到 计3分	未达到 计1分	达到 计5分	基本达到 计3分	未达到 计1分	计分
语言理解能力	1							
	2							
	3							
语言表达能力	4							
	5							
	6							
	7							
语言运用能力	8							
	9							
	10							

除了引用相关研究或图书中的检核表之外，观察者也可以参照上述表格的体例，依据观察目的灵活设计适合的语言能力检核表。

第四节

婴幼儿语言能力评估的注意事项

对婴幼儿进行评估是非常具有挑战性的工作。本章的第二节、第三节对婴幼儿语言能力评估方法做了简要的介绍。当然,对婴幼儿进行语言评估的方法远远不止这些,在实际工作中根据需要还可以选择其他的评估方法。但是不管采用哪种方法,都需要注意以下事项。

一、对象明确,目的清晰

评估的对象是发展中的婴幼儿,评估的目的是了解婴幼儿语言发展的需要,以便提供合适的帮助和指导。

0~3岁婴幼儿正处在一个快速发展的阶段,并且每位婴幼儿都有其特质和经验。个体的特质和经验都会影响到婴幼儿的语言发展。正因为如此,婴幼儿在评估中可能会出现情绪不稳定、注意时间短、易分心、不合作等情况。我们要理解婴幼儿,用发展的眼光看待婴幼儿的语言行为,不对其进行优劣之分,要充分了解婴幼儿语言发展的速度、特点和倾向。

二、准备要充分,过程要自然

(一)做好评估计划

所有评估都必须事先做好计划。基于评估目的,事先确定评估的内容、工具和程序,这样才能在评估过程中做个有心人。尽可能详尽地收集有关婴幼儿的资料,包括婴幼儿的喜好、家庭背景、居家环境和发育史等,并确保有足够的时间完成评估,而不是一直被打断。

(二)创设安全而有代表性的环境

语言是用来沟通的工具,它是具有情境性的。因此,为了在评估过程中准确辨别婴幼儿的能力,教师应当创设合适的环境。合适的环境即能够诱导婴幼儿的沟通需求,并显示出其最高能力水平的环境。

1.物质环境

确保环境里不会有太多新异刺激和会分散婴幼儿注意力的物件。事先准备评估所需的一些基本物品,最好使用平时能够找到的物品。

2.心理环境

一定要在评估时确保婴幼儿是精神饱满的、愉快的,不要试图在婴幼儿感到疲惫、饥饿或生病时进行评估。在评估的过程中，鼓励家长和婴幼儿一起参与活动，降低婴幼儿的分离焦虑。跟随婴幼儿的兴趣，不强迫婴幼儿，设法让婴幼儿在玩耍和互动中表现出语言能力。

（三）提高评估者的素质

首先，评估者应该了解有关语言能力评估工具的相关知识，学会选择和使用合适的评估工具，以便于收集全面的信息。

其次，评估者要具备婴幼儿发展的知识，以婴幼儿的整体发展为考量对象，能够认识语言领域和其他发展领域的关系，而不是孤立地看待语言。

再次，评估者要善于跟父母、婴幼儿沟通，善于制造气氛。

三、持续评估，应用结果

婴幼儿语言能力评估应该是为婴幼儿语言教育服务的。因此，要随着教育的进程不断地开展评估，以便不断调整教育策略，为婴幼儿提供合适的教育服务，促使婴幼儿语言能力得到最大程度的发展。同时，通过比较婴幼儿当前评估结果和初次评估结果，取得的正向效果是对教育者的肯定和鼓励。

新的评估观要求教育者反思教育教学，超越现有方法，使评估和教学达到最佳状态，这就要求教育者学会进行研究。利用评估和评估结果，也可以帮助教育者进行实践和理论假设的检验，甚至有助于提出某种新的学说。

本章回顾

婴幼儿语言能力评估是一个有目的地收集与婴幼儿发展过程相关的信息和资料的过程，要基于婴幼儿发展过程的各项事实依据进行分析综合，从而得出语言教育的策略，指导教育活动的开展。

婴幼儿语言能力评估分为正式评估与非正式评估两大类。可以根据评估的主要目的来选择评估方式和评估工具，教育者应该学习使用评估工具，读懂常见的语言能力评估工具的结果。

对婴幼儿进行评估，应该要了解评估对象的特点，明确评估的目的，做好充分的准备，灵活应对评估过程的各种问题，做到自然、流畅。应该注意语言领域和其他领域的关系，把婴幼儿发展看成一个整体，综合分析和应用评估结果，让语言能力评估在教育过程中发挥应有作用。

思考与练习

思考与练习
参考答案

简答题

1. 什么是婴幼儿语言能力评估?
2. 什么是正式评估？语言能力正式评估的工具有哪些?
3. 什么是非正式评估？你知道哪些非正式评估的方法?
4. 实施检核表法，谈谈使用检核表的程序和要点。
5. 婴幼儿语言能力评估有哪些注意事项?

实操训练

请使用附录2《PCDI词汇与手势(短表)》分别为一名8~30个月的婴幼儿和一名语言发育落后的年长儿童进行评估，并描述评估对象的语言发展情况。

推荐阅读

1. 戴淑凤著，“中国儿童早期教养工程”系列，中国妇女出版社出版。
2. 区慕洁主编，“中国儿童智力方程”系列，中国妇女出版社出版。

附录

附录 1

0~6岁儿童神经心理发育检查表

姓名:__________ 性别:____ 测查日期:________年____月____日
身高:____厘米 体重:____公斤 出生日期:________年____月____日
头围:____厘米 实足年龄:________年____月____日
大运动:____ 社交行为:____ 精细运动:____ 适应能力:____ 语言:____
全量表分:____ 智龄:____ 发育商:____

月龄 项目	1	2	3	4	5	6
大运动	1□拉腕坐起,头竖直片刻(2秒)	7□拉腕坐起,头竖直短时(5秒) 8□俯卧头抬离床面	13□俯卧抬头45度 14□抱直头稳(10秒)	21□俯卧抬头90度 22□扶腋可站片刻(2~3秒)	29□轻拉腕部即坐起 30□独立头身前倾5秒	35□仰卧翻身
精细运动	2□触碰手掌能握拳	9□拨浪鼓留握片刻	15□两手握一起3~4秒 16□拨浪鼓留握0.5分钟	23□摇动并注视拨浪鼓	31□抓住近处(2.5厘米)玩具	36□会撕纸(16开) 37□把弄桌上一积木
适应能力	3□眼跟红球过中线 4□听声音有反应	10□立刻注意大玩具	17□眼跟红球180度	24□偶然注意小丸1~2次 25□找到声源(一侧即可)	32□拿住一积木注视另一积木	38□两手同时拿住两块积木 39□玩具失落会找
语言	5□自发细小喉音	11□发"a""o""e"等母音	18□笑出声	26□高声叫(高兴或不满时) 27□咿语作声(无音节无意)	33□对人及物发声	40□叫名字转头
社交行为	6□眼跟踪走动的人	12□逗引时有反应	19□灵敏模样 20□见人会笑	28□认亲人	34□见食物兴奋	41□自喂饼干(咀嚼) 42□会躲猫猫

续表

项目＼月龄	7	8	9	10	11	12
大运动	43□独坐自如10分钟	51□双手扶物可站立5秒	58□会爬	65□拉栏站起	72□扶物蹲下取物（要站起）	80□独站稳10秒
			59□拉双手会走3步以上	66□扶栏可走3步以上	73□独站片刻	81□牵一手可走2步以上
精细运动	44□把弄小丸	52□拇食指捏小丸	60□拇食指捏小丸	67□食指动作熟练	74□打开包积木的纸	82□试把小丸投小瓶
	45□自己取一积木，再取一块	53□试图取第三块积木				83□会掌握笔
适应能力	46□积木换手	54□持续用手追逐玩具	61□从杯中取出积木	68□拿掉扣积木杯玩积木	75□积木放入杯中	84□盖瓶盖（不需拧紧）
	47□伸手够远处玩具（欠身取）	55□有意识地摇铃	62□积木对敲	69□寻找盒内东西	76□模仿推玩具小车	
语言	48□发“da-da”“ma-ma”无所指	56□模仿声音（弄舌或咳嗽）	63□会欢迎、再见	70□模仿发语声（爸爸/妈妈/拿/走）	77□有意识地发一个字音（拿/走/姨/奶/鸡/等，不求音准）	85□叫妈妈爸爸有所指
						86□向他/她要东西知道给
社交行为	49□对镜有游戏反应	57□懂得成人面部表情	64□表示不要（摇头或推开）	71□懂得常见物及人名称，会表示（注视）	78□懂得“不”	87□穿衣知配合
	50□能认生人				79□模仿拍娃娃	

续表

项目＼月龄	15	18	21	24	27	30
大运动	88□独走自如	96□扔球无方向(手举过肩，一臂远)	103□脚尖走(散步) 104□扶墙上楼(熟练3级以上)	111□双足跳离地面(同时并离地2次以上)	118□独自上楼3级以上 119□独自下楼3级以上	126□独脚站2秒
精细动作	89□自发乱画 90□从瓶中拿到小丸	97□模仿画道道(方向不限)	105□玻璃丝穿过扣眼(线过0.5厘米)	112□穿扣后拉过线	120□模仿画竖道	127□模仿搭桥(示范) 128□穿扣子3~5个
适应能力	91□翻书2次 92□盖上圆盒(盖严)	98□积木搭高4块(1/3) 99□正放圆积木入型板(不教)	106□积木搭高7~8块 107□倒放圆积木入型板	113□一页页翻书3页 114□视样板放准3块(不教)	121□认识大小(2/3) 122□正确放置倒放型板	129□知道1与许多(多和1个) 130□知道红色(出示红、黄、蓝、绿)
语言	93□会指眼、耳、鼻、口、手(3/5) 94□说3~5个字(除爸妈)	100□懂得3个投向 101□说10个字(除爸妈)	108□回答简单问题 109□说3~5个字句子(主谓语)	115□说2句以上儿歌 116□问“这是什么?”	123□说8~10个字的句子(星期天妈妈带我去公园)	131□说出图片10样(10/18)
社交行为	95□会脱袜子	102□白天会控制大小便	110□开口表示个人需要	117□说常见物用途(碗、笔、板凳、球3种以上)	124□脱单衣或裤(不解扣) 125□是非观念	132□来回倒水不洒(倒2次)

项目 \ 月龄	33	36	42	48	54	60
大运动	133□立定跳远跳过16开纸	141□两脚交替跳(高度在5厘米)	149□交替上楼 150□并足从楼梯末级跳下	156□独脚站5秒(示范)	163□独脚站10秒(示范) 164□足尖对脚跟向前走2米	171□接球(距离1米)
精细运动	134□模仿画圆(示范,闭合圆形不能明显成角)	142□折纸边角整齐(长方形) 143□模仿画十字	151□模仿画口(各角大于45度)	157□画人像3个部位	165□筷子夹花生米(3/3)	172□画人像7个部位
适应能力	135□懂得"里""外" 136□积木搭高10块	144□认识2种颜色(2/4) 145□懂得"2"	152□懂得"5" 153□说出图形(△○□)3个	158□拼圆形、正方形 159□图画中缺什么(2/6)	166□照图拼椭圆形(不示范) 167□图画中缺什么(3/6)	173□鸡在水中游 174□图画中缺什么(5/6)
语言	137□说出性别 138□连续执行3个命令	146□懂得"冷了""累了""饿了" 147□说出图片14样(14/18)	154□会说反义词(2/3)	160□苹果一刀切开有几块 161□说4个反义词	168□数手指(两手心算) 169□衣服、钟、眼睛(2/3)作用	175□会认识数字(10以内都会) 176□说出2种圆形的东西
社交行为	139□会穿鞋 140□解扣子	148□扣扣子(1个)	155□会穿上衣	162□吃饭之前为什么要洗手?(避免生病)	170□认识红、黄、绿、蓝4种颜色	177□桌子、鞋、房子是用什么做的?

续表

月龄 项目	66	72	78	84
大运动	178□足尖对足跟向后走2米	186□拍球2个	195□拍球5个	203□拍球10个以上
精细运动	179□画人像10个部位	187□拼小人	196□译码(2分钟25个)	204□打结(活扣)
		188□会写自己的名字		205□描画几何图形
适应能力	180□知道左右	189□雨中看书	197□图形类比	206□数字类比
	181□拼长方形	190□懂得星期几	198□牛和兔行走方式有什么区别?	207□一年有几个月?
语言	182□你姓什么?	191□一年有哪4个季节?	199□你吃的饭是从哪里来的?	208□寄信时信封上要贴什么?
	183□上班、窗户、苹果、香蕉(2/3)	192□什么动物没有脚?	200□面包是什么做的?	209□衣、裤、鞋有什么共同之处?
社交行为	184□你家住哪里?	193□你捡到钱包怎么办?	201□一元有几角?	210□儿童节是哪一天?
	185□2+3=? 5−2=?	194□为什么要走人行横道?	202□倒数3位数	211□12+9=? 18−12=?

一、大运动

大运动主要指头颈部、躯干和四肢幅度较大的动作，比如抬头、翻身、坐、爬、站、走、跳、独脚站、上下楼梯、四肢活动和姿势反应，躯体平衡等各种运动能力。婴幼儿动作的发展与心理的发展有密切关系，早期动作的发展在某种程度上标志着心理发展的水平，同时动作的发展可以促进整个心理的发展。

二、精细动作

精细动作主要是指手的动作，以及随之而来的手眼配合能力，比如抓握、摇动、把弄、拇食指对捏、握笔乱画、搭积木、穿扣眼、模仿画竖道、折纸、用筷子、画人像等。这些动作为书写、绘画和劳作的技巧和技能的发展奠定了基础。精细动作的发展和婴幼儿整个神经、心理的发展也是密切相关的，从某个角度说，大运动和精细动作的发展有着特殊的意义，因为行为成熟的程序，是从大运动和精细动作的逐步成熟开始的。

三、适应能力

适应能力主要指婴幼儿对外界刺激的分析和综合能力。如对物体和环境的精细感觉，解决实际问题时运用运动器官的能力，对外界不同情境建立新的调节能力等。由此可见，适应能力是在视觉、听觉、大运动和精细动作发展的基础上所形成的综合判断能力，通过它可直接观察婴幼儿的智慧。比如听声音有反应和找到声源，玩具失落后会找，积木对敲，从杯子中取出物或寻找盒内东西，盖瓶子盖，积木搭高和搭桥，能一页一页地翻书，知道主要的颜色和简单的数目，能理解各种简单的几何图形，用拼板拼出圆形、方形、椭圆形和长方形，能指出画的物体少画了什么等。

四、语言能力

语言是人类所特有的心理活动。比如，孩子彼此之间交谈，听音乐、歌曲，读故事、歌谣，写字，画图画等，这些听、说、读、写都是不同形式的语言活动。语言对儿童的心理发展有着十分重要的作用。它不仅可以促进孩子间的交往，扩大知识面，而且可以调节自身的心理活动，使自己的行动有一定的目标和方向，同时还可以促进孩子认识能力的发展和帮助儿童进行想象。总之，语言活动可以促进儿童心理活动的迅速发展。

五、社交行为

社交行为是指孩子对现实社会文化的个人反应，其行为模式也是由内在成长因素所决定的，有一定的发展程序。孩子对大小便的控制是适应外界要求所形成的，但是最终能否控制，还得取决于神经功能的成熟程度。社交行为主要指以下几个方面的能力：

(1)社会交往能力，如逗引时有反应，见人会笑，能认识亲人，认生，懂得家长的面部表情等。

(2)生活自理能力，如开口表达个人要求，穿衣服时知道配合，会脱袜子，会穿鞋，会扣扣子和解开扣子，会穿上衣等。

(3)适应外界要求的能力，如会控制大小便，有简单的是非观念，见物兴奋，能自己吃饼干等。

(4)懂得社会常识，如懂得常见物和人的名称，会说常见物的用途，懂得桌子等用具是用什么材料做的，认识各种颜色等。

续表

计算实足年龄：

实足年龄以月为单位，首先计算出实足年龄，即几岁几月零几天，再把岁和天数均换算为月，以月龄为单位。

月变日为1月=30日，岁变月为1岁=12月。

例：测验日期10年6月13日，出生日期09年06月26日，0岁11月17天=11.6月。

标注主测年龄：

用△标记。在测月龄前以△标记，以示此月龄为该儿童的实际月龄。

测查顺序：

以先易后难为原则。

先查动手的项目如精细动作、适应能力，再查语言、社交，最后查大动作。

量表中有▲的项目表示该测查项目可以询问家长。

记录结果：

通过项目用○表示，不通过的项目用×表示。

测验结果：

不管主测月龄的项目是否通过，向前测两个年龄组的项目要通过，向后测两个年龄组的项目不通过。

计分方法：

1岁以内：每个人领域有一个项目为1分，有两个项目各为0.5分。

1~3岁：每个领域有一个项目为3分，有两个项目各为1.5分。

3~6岁：每个领域有一个项目为6分，有两个项目各为3分。

先找出基础得分，按领域计算，把连续通过的项目读至最高分，再把不通过的项目抛开不计算，把后边得分的项目逐项加上，即为该领域的分数。

计算智龄和发育：

智龄=5个领域分数之和÷5　　发育商=(智龄/实际月龄)×100

智能水平评价：

0~6岁儿童神经心理发育量表依据统计学换算结果，婴幼儿的智能水平可分为5个等级：

智能发育商	评价
高智能	130及130以上
优秀(中上智能)	115~129
聪明(中等智能)	85~114
正常(中下智能)	70~84
偏低(低智能)	69及69以下低下

70分为分界线。70分以上分别为：70~90为一般；90~110为正常；110~130为良好；130~150为优秀；150分以上的为超常。70分以下的都属于低常，具体分为：70~55为轻度低常；55~35为中度低常35~20为重度低常；20以下为极度低常。

切记：不要把低常说成"弱智"，也不要把超常说成神童。

附录2

PCDI词汇与手势(短表)

孩子姓名:____________ 性别:________
填表日期:____________ 出生日期:____________ 实际年龄:________

汉语沟通发展量表
普通话版(短表):词汇与手势

请用铅笔填写
正确填写 不正确填写
● ⊙⊕√

这个词汇表是用于不同年龄的孩子,我们请您来填这个词汇表的唯一目的就是想了解孩子们一般什么时候才开始讲话。因此,您的孩子现在完全有可能只知道这表上很少的词,甚至根本不知道,这也是正常的,绝对不要为孩子究竟知道其中多少个字词而担心。

甲、请指出哪些是您孩子可以听懂的句子(有适当的反应)。

	听懂	听不懂		听懂	听不懂		听懂	听不懂
别动!	○	○	吐出来。	○	○	坐下。	○	○
张嘴。	○	○	扔球。	○	○		○	○

乙、当婴儿开始学习沟通的时候,他们经常用手势去表达他们的思想和愿望,选出一下哪些项目可以是您孩子平时所做的动作。("有时"指孩子用过一次以上;"经常"指需要用的时候大部分会用到)

	还没有	有时会	经常会
1. 当有人离开时,做"再见"的手势。	○	○	○
2. 抱拳表示"谢谢"。	○	○	○
3. 指(包括手臂及手指一起伸展)向一些有趣的物件或事件。	○	○	○
4. 摇头表示"不好/不要/不想"。	○	○	○
5. 摊开双手表示"没有"。	○	○	○

丙、词汇量表

当您的孩子说出该词时,孩子虽然还不能说出来,但能正确反应,请填第一项(听懂),若孩子又能听懂又能够自己说出该字,请填第二项(能说)。假如您的孩子对该字的发音不准(例如:火车说成"火些")或他的说法有所不同,请填第二项(例一:葡萄说"萄";例二:老鼠说成"耗子",请填第二项。

续表

	不懂	听懂	能说		不懂	听懂	能说		不懂	听懂	能说
喂	○	○	○	背	○	○	○	碗	○	○	○
旺旺(狗叫)	○	○	○	掉	○	○	○	被子	○	○	○
嘀嘀(汽车声)	○	○	○	牛奶	○	○	○	枕头	○	○	○
哎哟	○	○	○	水	○	○	○	纸	○	○	○
妈妈	○	○	○	蛋	○	○	○	小娃娃	○	○	○
爸爸	○	○	○	鱼	○	○	○	帽子	○	○	○
奶奶	○	○	○	饭	○	○	○	衣服	○	○	○
爷爷	○	○	○	肉	○	○	○	袜子	○	○	○
宝宝	○	○	○	饼干	○	○	○	鞋	○	○	○
自己的名字	○	○	○	香蕉	○	○	○	电视	○	○	○
阿姨	○	○	○	鼻子	○	○	○	镜子	○	○	○
姑姑	○	○	○	嘴(口)	○	○	○	床	○	○	○
叔叔	○	○	○	屁股	○	○	○	门	○	○	○
姐姐	○	○	○	手	○	○	○	家	○	○	○
妹妹	○	○	○	脚	○	○	○	外面	○	○	○
哥哥	○	○	○	猫	○	○	○	花	○	○	○
弟弟	○	○	○	小白兔/兔子	○	○	○	树	○	○	○
孩子/小孩/小朋友	○	○	○	狗	○	○	○	天空	○	○	○
要	○	○	○	马	○	○	○	车	○	○	○
吃饭	○	○	○	鱼	○	○	○	飞机	○	○	○
你拍一，我拍一	○	○	○	鸟	○	○	○	这边	○	○	○
真棒！	○	○	○	小鸡	○	○	○	那边	○	○	○
抱	○	○	○	鸭子	○	○	○	上(面)	○	○	○
打	○	○	○	烫	○	○	○	下(面)	○	○	○
吃	○	○	○	臭	○	○	○	一	○	○	○
喝	○	○	○	漂亮/美	○	○	○	二	○	○	○
走	○	○	○	脏	○	○	○	多	○	○	○
给	○	○	○	饱	○	○	○	在哪儿？/哪儿呢？	○	○	○
拿(过来)	○	○	○	渴	○	○	○	盖	○	○	○
亲(一个)	○	○	○	生气	○	○	○	谁	○	○	○
戴	○	○	○	乖	○	○	○	我	○	○	○
看/瞅	○	○	○	灯	○	○	○	这个	○	○	○
摸	○	○	○	钟/表	○	○	○	早上	○	○	○
来	○	○	○	瓶子	○	○	○	晚上	○	○	○
踢	○	○	○	勺	○	○	○		○	○	○
飞	○	○	○	飞	○	○	○		○	○	○

孩子的姓名:________	性别:________	
填表日期:________	出生日期:________	实际年龄:________

普通话量表:词汇和句子

请用铅笔填写

正确填写　　不正确填写

●　　⊙⊕√

这是了解幼儿词汇量的表,如果您的孩子还不会说该词或者只是重复别人,请填"不会说"(涂黑第一个圆圈);如果您的孩子会说该词而不是马上重复别人说过的词,请填"会说"(可涂黑第二个圆圈),假如您的孩子对该词的发音不准(例如:火车说成"火些")或他的说法有所不同,请填第二项(例一:葡萄说成"萄";例二:老鼠说成"耗子")也算能说。这个词表是用于不同年龄的孩子,完全有可能您的孩子现在只知道这个词表中较少的词,甚至根本不知道,也属于正常范围,请不要为孩子究竟知道其中多少个词而担心。

甲、词汇记

	不会说	会说		不会说	会说		不会说	会说
喵(猫叫)	○	○	你好	○	○	送	○	○
哎哟	○	○	请	○	○	掉	○	○
宝宝	○	○	真(棒)	○	○	拍	○	○
阿姨	○	○	坐	○	○	等	○	○
弟弟	○	○	有	○	○	揉	○	○
老师	○	○	玩	○	○	翻	○	○
要	○	○	给	○	○	摘(揪)	○	○
记(得)	○	○	好	○	○	底下	○	○
用	○	○	香	○	○	旁边	○	○
拧	○	○	烫	○	○	朝	○	○
游泳	○	○	可怜	○	○	二	○	○
贴	○	○	生气	○	○	全部	○	○
套	○	○	够了	○	○	自己	○	○
躲	○	○	小心	○	○	那个	○	○
问	○	○	卡了	○	○	我们的	○	○
悠	○	○	碗	○	○	人家	○	○
绑	○	○	电扇	○	○	条	○	○

续表

	不会说	会说		不会说	会说		不会说	会说
搅	○	○	盆	○	○	块	○	○
试	○	○	笤帚	○	○	位	○	○
假装	○	○	簸箕	○	○	些	○	○
希望	○	○	东西	○	○	在哪儿/哪儿呢?	○	○
水	○	○	球	○	○	哪个	○	○
粥	○	○	棋子	○	○	多少	○	○
饺子	○	○	背心	○	○	嘛	○	○
肉	○	○	上衣	○	○	噢	○	○
豆芽	○	○	拉锁	○	○	今天	○	○
木耳	○	○	鞋	○	○	已经	○	○
水果	○	○	床	○	○	以前	○	○
梨	○	○	茶几	○	○	能	○	○
辣椒	○	○	炉子(灶)	○	○	肯	○	○
头发	○	○	抽屉	○	○	不许	○	○
舌头	○	○	花	○	○	跟	○	○
手	○	○	树枝	○	○	因为	○	○
膝盖	○	○	棍子	○	○		○	○
狗	○	○	云	○	○		○	○
动物	○	○	车	○	○		○	○
鸟	○	○	卡车	○	○		○	○
孔雀	○	○	动物园	○	○		○	○
蚊子	○	○	幼儿园/托儿所	○	○		○	○
恐龙	○	○	中国	○	○		○	○

乙、句子与语句			
注:“有时会”即指孩子用过一次以上;“经常会”即指需要用的时候大部分用到。			
	还没有	有时会	经常会
1. 当讲起名词的时候,您的孩子有没有开始使用量次?(例:个、辆等。注:不需要很准,只要他开始用了)	○	○	○
2. 当讲过去发生的事时,您的孩子有没有开始使用“过”或“了”字?(例:“去过”“吃了”)	○	○	○

(资料来源:谭霞灵等,《汉语沟通量表使用手册(普通话及广东话版本)》,北京大学医学出版社2008年出版。)

主要参考文献

[1]左玉婷.学步儿语言发展:母亲言语输入特征的作用[D].北京:首都师范大学,2013.

[2]刘正晨.结合发音特征与深度学习的语音生成方法研究[D].合肥:中国科学技术大学,2018.

[3]杨春华,张远丽.婴儿语言指导活动设计与组织[M].北京:科学出版社,2015.

[4]颜晓燕.0~3岁儿童语言与交往[M].上海:复旦大学出版社,2014.

[5]翟云.0~3岁婴幼儿早期阅读指导[M].上海:复旦大学出版社,2019.

[6]王玉.0—3岁婴幼儿的阅读特点与阅读指导[J].中华女子学院学报,2008(4):90-94.

[7]邵肖梅,周文浩.胎儿和新生儿脑损伤[M].2版.上海:上海科技教育出版社,2017.

[8]季燕,陈梦珠.0~3岁婴幼儿家庭亲子阅读指导策略个案研究[J].教育导刊(下半月),2011(10):87-91.

[9]嵩钰佳,王菠,吕正欣.婴幼儿早期阅读的方法[J].黑龙江教育学院学报,2018(6):80-82.

[10]朱迪·赫尔,特丽·斯文.美国早教创意课程(0—1岁)[M].李颖妮,译.上海:华东师范大学出版社,2013.

[11]吴晓丹.蒙台梭利教育思想与方法[M].2版.上海:复旦大学出版社,2018.

[12]蒙台梭利.蒙台梭利早教方案——0~3岁智力及语言系统训练全书[M].齐开霞,编译,北京:北京理工大学出版社,2013.

[13]玛丽亚·蒙台梭利.蒙台梭利儿童敏感期手册[M].蒙台梭利丛书编委会,译.北京:中国妇女出版社,2016.

[14]牟映雪.学前教育学[M].北京:教育科学出版社,2012.

[15]安·S.爱泼斯坦.语言、读写和交流:关键发展指标与支持性教学策略[M].李敏谊,李青颖,段天雪,等,译.北京:教育出版社,2018.

[16]安·S.爱泼斯坦.学前教育中的主动学习精要——认识高瞻课程模式[M].2版.霍力岩,刘祎玮,刘睿文,译.北京:教育科学出版社,2019.

[17]霍力岩,陈雅川,周彬.美国学前儿童观察记录系统的评价内容、实施方法与借鉴意义[J].中国特殊教育,2015(1):63-67.

[18]夏惠贤.多元智力理论与个性化教育[D].上海:华东师范大学,2002.

[19]海鹰,蔡迎旗.美国新泽西州0~3岁儿童学习标准的特点及其启示[J].早期教育(教科研版):2015(4):12-16.

[20]曹向向.0~3岁儿童社会适应行为发展评价问卷编制[D].太原:山西大学,2014.

[21]韦小满,蔡雅娟.特殊儿童心理评估[M].2版.北京:华夏出版社,2016.

[22]王辉.特殊儿童教育诊断与评估[M].3版.南京:南京大学出版社,2018.

[23]徐静,王道伟,严小琴.发展性障碍儿童沟通教育指导[M].重庆:重庆大学出版社,2020.

[24]蔡春美,洪福财,邱琼慧,等.幼儿行为观察与记录[M].上海:华东师范大学出版社,2013.

[25]周念丽.0—3岁儿童观察与评估[M].上海:华东师范大学出版社,2013.

[26]朱迪斯·班杜拉-乌兹.特殊需要婴幼儿评估的实践指导[M].钱文,刘明,主译.上海:华东师范大学出版社,2005.

[27]田莉.言语治疗技术[M].北京:人民卫生出版社,2010.

[28]袁萍,祝泽舟.0~3岁婴幼儿语言发展与教育[M].上海:复旦大学出版社,2011.

[29]宋杰,朱月妹.小儿智能发育检查[M].上海:上海科学技术出版社,1981.

[30]谭霞灵,等.汉语沟通量表使用手册(普通话及广东话版本)[M].北京:北京大学医学出版社,2008.